KB189177

단박에
윤회를 끊는
가르침

印光大師嘉言錄
인광대사 가언록 중에서

인광 대사 지음
보적 김지수 옮김

불광출판사

이 책자는 보적 김지수 거사가 옮기고 불광출판부에서 발행한

『인광대사가언록 – 화두 놓고 염불하세』 가운데 수지하기 좋도록 발췌하여 편집한 것입니다.

단박에
윤회를 끊는
가르침

印光 大師 眞影

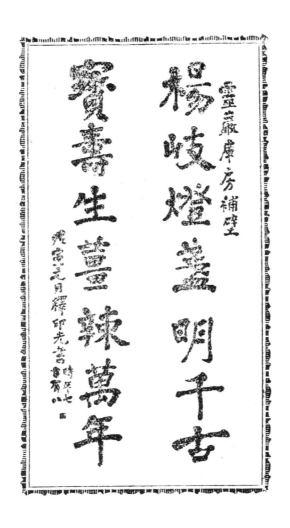

靈巖庫房補壁

楊岐燈盞明千古

寶壽生薑辣萬年

印光大師 親筆 揮毫

印光 大師 五色舍利

목차

『가언록(嘉言錄)』 중판(重版) 서문

정토 법문은 이치는 지극히 높고 심오하지만, 그 일은 몹시 간단하고 쉽다오. 그래서 타고난 자질이 총명하고 지견이 탁월한 사람들은, 정토 법문을 그저 어리석은 범부 중생의 일로 깔보고 수행하려 들지 않소. 정토 법문이 시방삼세 모든 부처님께서, 위로 불도를 성취하고 아래로 중생을 교화하는, 맨 처음이자 맨 끝인 궁극 법문인 줄을 그들이 어떻게 알겠소?

어리석은 범부 중생도 닦을 수 있다고 정토 법문을 아주 깔보는데, 그렇다면 『화엄경』은 어찌 보지도 않는단 말이오? 보현보살과 같이 이미 증득한 경지가 부처님이나 다를 바 없는 보살들도, 오히려 십대원왕(十大願王)으로 서방 극락 세계 왕생을 회향하여 부처님 과위를 원만히 성취하려고 발원하지 않소? 정토 법문을 깔보고 닦으려 하지 않는 자들은 『화엄경』의 이 내용을 또 어떻게 간주할지 궁금하오. 역시 깔볼 것이오? 아니면 존중할 것이오?

이는 다름이 아니라, 보통 법문과 특별 법문의 차이, 자력(自力) 수행과 불력(佛力: 他力) 수행의 규모 및 난이도를 자세히 모르기 때문에 빚어진 결과라오. 그 차이를 상세히 알고 나서도 화장해중(華藏海衆)의 행렬에 끼어 함께 극락왕생의 길에 나서지 않을 수 있겠소?

나는 일찍이 머리를 묶고 글공부를 시작하면서부터, 한유·우(구)양수(歐陽修: 歐는 원음이 '우'이고, 우리도 1954년 世昌書館 발행 『國漢文新玉篇』에서는 분명히 '우'로 표기했는데, 언제부턴가 통속 관행은 '구'로 잘못 읽음.)·정자·주자가 강렬히 주장한 벽불론(闢佛論: 척불론)의 해독을 심하게 받았소. 다행히 내게는 한유·우양수·정자·주자 같은 재주가 없었소. 만약 조금이라도 그들을 따라갈 만한 재주가 있었던들, 틀림없이 자신과 남들을 함께 망치고, 살아생전에 아비지옥에 빠져 들었을 것이오. 십사오 세 때부터 질병으로 몇 년간 심하게 고생했는데, 그때부터 고금의 뭇 경전들을 두루 펼쳐 보면서, 비로소 한유·우양수·정자·주자가 이러한 벽불론을 주장한 것이 순전히 특정 문중(파벌)의 지견에 불과하고, 성현의 심오한 중용의 도에 입실(入室)한 경지가 절대로 아님을 알아차렸소.

약관(弱冠: 스무 살)의 이듬해 출가하여 스님이 된 뒤, 오로지 정토 법문 수행에 전념했소. 그리고 이 한평생 다하도록 스스로 생사를 끝마치는 사나이[自了漢]가 될 뿐, 문중을 세워 제자와 신도를 널리 불러 모으는 짓은 하지 않기로 서원했소. 후세의 법자손(法子孫)들이 불법을 파괴하면, (스승의 연대 책임으로) 나까지 아비지옥에 끌려들어가 함께 고통을 받을 것이 뻔하기 때문이오.

광서(光緒) 19년(1893) 보타산(普陀山: 관세음보살 도량으로 유명함) 법우사(法雨寺) 화문(化聞) 화상이 북경에 들어와 대장경을 청하면서, 나에게 조사해 인쇄하라고 분부했소. 일이 끝난 뒤 그의 요청으로 함께 보타산에 왔는데, 내가 일하기 좋아하지 않는 줄 알고는, 작고 한가한 방에 머물며 내 뜻대로 수행하라고 배려해 주어, 지금까지 벌써 35년을 지냈소. 산에 오래 있다 보니 더러 붓으로 글 쓰는 일을 부탁받긴 했지만, 인광(印光)이란 이름자는 절대로 쓴 적이 없소. 설사 반드시 자기 서명을 해야 할 경우가 있더라도, 단지 아무렇게나 두 글자를 썼을 따름이오. 그래서 20년 동안은 나를 방문하는 객이나 서신 왕래 같은 번거로움이 전혀 없었소.

중화민국 기원이 시작되면서, 고학년(高鶴年) 거사가 내 글 몇 편을 가지고 가서 〈불학총보(佛學叢報)〉에 실었는데, 그때도 인광이란 이름은 감히 쓰지 않았소. 내가 늘상 '항상 부끄러운 중[常慚愧僧]'이라고 스스로 불렀기 때문에, 그냥 '常'이라고만 썼소. 서울여(徐蔚如) 거사와 주맹유(周孟由) 거사가 내게 대단한 식견이 있는 줄로 착각하여 3~4년 간 연락

했지만, 전혀 아는 사람이 없었소.

그 뒤 주맹유가 산에 찾아와 인사하며 내게 귀의하겠다고 원하며, 보잘것없는 원고 몇 편을 가져다가 서울여 거사에게 보내, 북경에서 인쇄하여 『인광법사문초(印光法師文鈔)』로 출판했다오. 그래서 군자들의 우아한 눈을 널리 자극하게 되어 부끄러움만 더욱 늘어났는데, 그때가 민국 7년(1918)이었소.

이듬해 또 약간의 글을 모아 속편을 만들고, 초판과 함께 인쇄했소. 민국 9년 상해상무인서관(上海商務印書館)에서 두 책으로 조판한 뒤, 이듬해 봄 책이 나왔소. 내가 또 양주(揚州)에서 민국 9년 조판한 글을 4책으로 인쇄했소. 민국 11년 다시 상무인서관에서 4책으로 찍었는데, 당시 여러 거사들이 2만 부나 인수해 갔으며, 상무인서관에서 판매한 책은 여기에 포함하지 않았소. 민국 14년 다시 중화서국에서 증보판을 역시 4책으로 찍었는데, 전보다 백 쪽 남짓 늘어났소.

올 여름 발행하는데 노동운동 등으로 가격이 몹시 비싸져, 단지 2천 부밖에 못 찍었소. 원래 4부의 지판(紙版: 원판 지형)을 만들어, 2부는 서국에서 보존하고 2부는 내게 주기로 했소. 그래서 내가 항주(杭州) 절강인쇄공사(浙江印刷公司)에 우선 1만 부를 인쇄하라고 부탁하고, 이후 추가 인쇄는 모두 인연에 맡기기로 하였소.

원정(圓淨) 거사 이영상(李榮祥)이 근래 몇 년간 불학에 전넘하여, 『기신론』·『능엄경』·『원각경』 등에 소해(疏解: 주석 해설)를 달았소. 그래서 내가 이렇게 말했소.

"젊은 사람이 우선 실용적인 염불 공부에 착수하여, 업장이 말끔히 녹아 사라지고 지혜가 밝아지며 복덕이 높아질 때를 기다린 다음 발휘해야, 부처님의 뜻을 저절로 밝게 이해하고 우주에 널리 전파할 수 있소."

당시에 그는 아직 내 말을 옳게 믿지 않았소. 나중에 마음을 지나치게 써서 몸과 정신이 날로 쇠약해지자, 비로소 내 말이 틀리지 않음을 알게 되었다오. 그리고는 나의 『문초(文鈔)』를 상세히 열람한 뒤, 환희심을 이기지 못하여 마침내 중요한 내용만 간추려 부문별로 분류하여 1책을 편집하였소. 우선 신문용지로 1천 책을 인쇄하여 시급히 바로 귀의했는데, 8월에 책이 나와 얼마 안 되어 모두 증정하였소.

편지로 책을 요구하고 찾아오는 사람들이 너무 많아, 마침내 조하경감옥서(漕河涇監獄署)에서 다시 조판하도록 했소. 진적주(陳荻注) 거사가 조판을 맡고 4부 지판 비용과 2천 부 인쇄 비용을 부담하겠다고 나섰소. 그렇게 인수한 책이 2만 부 가까이 되었소.

간추린 내용의 출처는 몇 권 몇 쪽까지 일일이 기재하여, 『문초』의 원문과 서로 대조할 수 있게 하였소. 여러 글 가운데 중요 내용만 간추려 한데 모은 것이라, 내용이 좀 비숫해도 삭제하지 않았으므로, 독자에게 반복해서 권장하는 이점이 있겠소. 그 자리에서 의심을 끊고 믿음을 일으키길 바라오.

또『문초』는 좀 번잡하고 많아서, 초심자가 쉽게 이해하고 근기에 맞는 내용을 가려 주기가 어려운 점이 있소. 그래서 먼저 입문처를 찾아 주고, 거기서부터 착실히 수행에 정진해 나가도록 도와주면, 처음부터 손댈곳도 몰라 망연자실하고 물러서는 폐단이 훨씬 줄어들 것이오. 이러한 연유를 간단히 적어 독자들이 함께 참고하길 바라오.

소원이 있으니, 보고 듣는 사람들이 내용상 너무 평범하고 일상적이라고 내팽개치며, 고상하고 심오하며 미묘한 것만 찾으려 하지 말라는 점이오. 요순의 도는 효도와 우애일 뿐이며, 여래의 도는 계율과 선정과 지혜일 따름이오. 평범하고 일상적인 일을 착실히 행하여 지극해지면, 고상하고 심오하며 미묘한 이치를 따로 구할 필요가 없소. 그렇지 않으면 고상하고 심오하며 미묘한 이치가 구두선(口頭禪)에 불과하고, 생사(生死)가 닥칠 때 조금도 쓸모없게 되오.

보는 사람마다 주의하고 명심하길 바라오.

민국 16년(1927) 정묘년 섣달 초파일

고신(古莘) 상참괴승(常慚愧僧) 인광(印光)

015

염불 수행으로
극락정토에 왕생합시다

이 글은 『인광대사가언록(印光大師嘉言錄)』 번역 단행본의 권두 법문을 권청(勸請)하러 성륜사(聖輪寺)를 방문했을 때, 청화 큰스님께서 때마침 봉행하던 천도재의 회향 법문으로 설하신 것인데, 필시 제 염원을 미리 아신 듯 그 내용이 안성맞춤이라, 이튿날 큰스님을 친견한 자리에서 그 뜻을 여쭙고 허락을 받아, 『가언록』의 한글 번역판의 서문으로 대신 싣습니다. 법문의 제목은 독자의 편의를 위해 부득이 옮긴이가 임의로 붙인 것입니다.   – 보적(寶積) 합장

우리가 믿고 있는 불교는 바로 우주의 종교입니다. 따라서 단지 우리 인간의 행복만을 위하는 그런 종교는 아닙니다. 물론 기독교나 이슬람교나 힌두교나 다 마찬가지입니다만, 불교는 특히 어느 종파의 진리도 부처님 가르침 속에 포함하지 않는 것이 없습니다.

    가령 우리 개인의 행복을 위한다고 하더라도, 부처님 법은 '그 행복이 어떠한 것이고 행복의 반대가 되는 불행의 시

초는 무엇인가?' 라는 본질적인 문제를 풀어 주지 않으면, 부처님 가르침은 의의가 없고 개인의 복락도 얻을 수가 없습니다.

우리는 보통 몸이 아픈 데가 없으면 무병하다고 생각합니다. 그러나 사실은 몸이 아프지 않다고 해서 병자가 아닌 것은 절대로 아닙니다. 중생의 번뇌 망상을 벗어나지 못하면, 모두가 다 번뇌 병자입니다. 우리는 지금 번뇌의 병을 앓고 있습니다. 우선 나와 너를 구분하는 '자기'라는 이기적인 관념 자체가 무명병입니다. 무지의 병입니다. 무명 때문에 탐욕심과 분노하는 진동이 많이 생기고 어리석은 마음이 더욱 더 치성해져 우리를 괴롭힙니다.

우리는 무슨 법회에서나 삼보에 귀의하는데, '부처님이 어떠한 존재인가?'라는 관념에 대해 깊이 생각하지 않고, 그냥 부르는 대로 따라서 합니다. 그러나 '삼보'라는 뜻만 확실히 알아도, 우리는 범부심인 무명을 상당히 벗어나게 됩니다. 같은 불법도 초기에는 '부처님' 하면 모양으로 나토신[化身] 석가모니 부처님만을 부처님으로 숭상합니다. 그러나 부처님의 참 뜻은 이른바 대승불교의 법신(法身) 부처님입니다. 법신 부처님이라는 사상을 모르면, 우리 부처님 가르침이 우주적 종교가 될 수 없습니다. 왜 그런고 하면, 화신 부처님은 모양으로 나토신 석가모니 부처님에 국한하기 때문에, 우주 전체를 포섭하지 못합니다.

그러나 법신 부처님은 화신 부처님뿐만 아니라, 다른 성자나 동물이나 식물이나, 우주의 모든 존재들이 다 법신 부처님의 개념 속에 포함됩니다. 단지 모양이나 이름이 있는 것뿐만 아니라, 이른바 명부득(名不得) 상부득(相不得)이라, 모습도 없고 이름도 없는 그런 존재까지도 법신 부처님의 개념 가운데 다 포섭됩니다.

이렇게 되어야 불교가 진솔히 세계적인 우주의 종교가 되지요. 우리는 지금 국가적인 안녕을 위해서도, 국제간의 단결을 도모하지 않으면 참다운 한 국가의 안녕도 얻을 수가 없습니다. 다른 기업이나 경제도 마찬가지입니다. 세계 모두가 다 국제적이고 우주적인 쪽으로 지향하고 있습니다. 따라서 인류 문화가 발전할수록, 모든 현상은 갈수록 부처님 가르침에 가까워집니다.

그런데 부처님은 그냥 우주의 본질, 우주의 생명 위에서 가만히 계시는 그런 분이 아니라, 그 우주의 생명자리인 법신 부처님은 본래 다 원력이 있습니다. 우리도 나름대로 자기 수양에 따라 여러 가지 서원이 있지 않습니까? 마찬가지로 모든 생명의 본질인 법신 부처님도 원력이 있습니다. 목적의식이 있다는 말입니다. 따라서 우주의 목적이 무엇인가를 확실히 알아야 우리 신앙도 더 깊어지고, 또 그런 것을 알아야 아까 말한 근본적인 번뇌의 병을 치유할 수 있습니다.

그 법신 부처님, 우주의 참다운 생명인 그 부처님 자리는, 이름이야 어떻게 불러도 좋습니다. '하나님'이라고 불러도 전혀 상관이 없습니다. 다만 그 개념이 무엇이든, 그 가운데 우주의 유정(有情)과 무정(無情), 유상(有相)과 무상(無相) 모두가 포함되면 좋습니다. 그런 것이 바로 부처님이고 하나님의 참뜻입니다.

지금은 무서운 시대이고 세계의 위기 상황인데, 이런 때 다른 것을 배격하는 마음은 굉장히 치졸한 마음입니다. 이런 마음으로는 이웃 간의 화평을 도모할 수가 없습니다. 우리는 나와 더불어 남도 온전히 이해해야 합니다. 이해하기 위해서는 내 뿌리나 그대 뿌리나, 동양사람 뿌리나 서양사람 뿌리나, 모두 다 하나의 생명에서 보아야 한단 말입니다.

조금 어려운 철학적인 용어로 이른바 '유출설(流出說 : emanation)'이라는 말이 있습니다. 이 말은 고대 모든 철학에서 말씀한 것이고, 힌두교나 다른 세계적인 종교도 대체로 그와 유사한 말씀을 했습니다. 흐를 류(流) 자 날 출(出) 자 유출인데, 그 뜻은 우주의 모든 존재와 생명이 우주의 본질로부터 흘러나온다는 말입니다. 마치 바위 틈새에서 물이 솟아 흘러나오듯이, 우주의 본래 생명은 가만히 있는 것이 아니라, 그 가운데서부터 모든 종교가 이루어진다 이 말입니다. 어느 위대한 철인도 유출설을 부인하는 분은 별로 없습니다.

가령 불교의 우주관은 맨 처음도 끝도 없이 항시 영겁으로 순환합니다. 모두가 다 파괴되고 텅텅 비어서 물질이라는 것은 아무 것도 없는 세계, 즉 공겁(空劫)이 된다고 하더라도, 정말 아무 것도 없는 것이 아니라, 물질이라는 형상만 없는 것이지 생명은 그 가운데 충만해 있습니다.

따라서 그 가운데 생명의 작용으로 해서 다시 우주가 차근차근 형성되어 나옵니다. 이게 아까 말한 유출(流出)입니다. 샘물 솟듯이 태양계가 나오고 금성, 토성, 지구가 나옵니다. 어떠한 존재나 근본 진리에서 나왔기 때문에, 그 종말에는 다시 모두 진리로 돌아갑니다.

종교는 우주의 근본 진리와 항시 연관이 되어 있기 때문에, 지금은 자기 종교를 지키기 위해서라도 하나의 기본 철학이 확립되어야 합니다. 그 모든 정보, 종교, 학문 체계가 얽히고 설켜 작동하고 있습니다. 이럴 때는 정말로 진리를 소중히 정확하게 파악해야 합니다. 자기 마음의 번뇌를 녹여서 마음의 병자가 안 되기 위해서라도, 꼭 진리의 본질을 알아야 합니다.

그래야 효과적이고 근본적으로 번뇌를 없애지, 그렇지 않고 고식적으로 우선 눈앞에 보이는 것, 예컨대 우리 집이 재수가 나쁘니까, 내 몸이 아프니까 좀 고쳐 봐야겠다는 식으로 좁은 마음을 써서는, 자기가 봐둔 것도 근본적인 해결이 안 됩니다. 하물며 우리 인간 번뇌의 본질적인 무명이 제거되겠습니까? 모든 갈등이 무명 무지에서 오는데, 무지에 대한 상식이 없으면 다른 것이 해결이 안 됩니다. 그냥 미봉책에 불과합니다. 그러면 우리 마음은 항시 불안합니다.

우리 본래의 생명이 바로 이 법신 부처님한테서 왔습니다. 법신 부처님은 이름도 모양도 없는 우주의 생명 자체입니다. 우리 마음도 그와 똑같이 모양이 없지 않습니까? 그러나 분명히 우리가 생각함으로 해서 내 마음도 존재합니다.

따라서 우리 마음 성품이나 우주의 본래의 생명자리인 법신 부처님이나 똑같습니다. 그러기에 자성청정심(自性淸淨心)이 바로 참다운 부처입니다. 부처님 신앙 가운데 가장 중요한 것은, 우리 마음을 지금 새삼스럽게 닦아서 부처가 되는 것이 아니라, 본래로 부처라는 소식입니다.

단편적으로만 불교를 공부해서는, 우리 목전에 있는 문제도 본질적인 해결은 절대로 못합니다. 가정이나 사회 문제나 항시 모든 문제를 진리의 차원에서, 우주의 본 바탕에서 비추어 봐야 합니다. 그래야 시원스럽게 해결이 됩니다.

홍로일점설(紅爐一點雪)이라. 눈 한 줌을 뜨거운 화로에다 넣으면 금방 녹아버리듯, 어느 모습이나 고민이나 진리에서 보면 순식간에 해결됩니다. 진리에서 보면 죽고 살고, 잘 되고 못 되고 문제가 안 됩니다. 왜냐하면, 진리에서 보면 우리 생명은 본래로 죽음이 없습니다.

불생불멸이라, 우리 생명 자체는 본래 나지도 죽지도 않고, 영생(永生)으로 존재합니다. 내 생명이 몇십 년 살다가 죽겠지. 내 몸이 지금 안 좋으니까, 몇 년 안 가서 죽겠지. 이러면 항시 불안스럽겠지요? 그러나 그런 것은 거품 같고 그림자 같은 것입니다. 죽음이 본래로 없다고 생각하면, 얼마나 용기가 나겠습니까?

앞서 말씀드린 우주의 목적의식은, 근본 '본(本)' 자 원할 '원(願)' 자 본원이라, 또는 근본 서원 그럽니다. 원래 우주는 생명 자체입니다. 우리는 자칫 산이나 냇물이나 산 위에 있는 절이나 이런 것은 생명이 아니라고 생각합니다. 그러나 이는 우리 인간 정도의 업장을 가진 중생들이 가진 견해이지, 진리의 견해가 못 됩니다.

진리는 우리 인간적인 견해, 탐욕심과 분노하는 마음과 어리석은 마음, 이런 독스러운 마음이 가셔버린 성자의 경지에서만 참다운 진리가 보입니다. 이것을 견성오도(見性悟道)라고 부르지 않습니까? '견성'은 볼 견(見) 자 성품 성(性) 자로 우주의 본래 성품을 본다는 뜻이고, '오도'는 깨달을 오(悟) 자 길 도(道) 자인데, 도(道)는 바로 진리를 말하므로 진리를 깨닫는다는 말입니다.

그래야 불교 말로 참된 사람, 진인(眞人)입니다. 중국 당나라 때 유명한 임제 선사가 무위진인(無爲眞人)이라고 했는데, 무위진인은 모양이나 이름에 걸리지 않아야 합니다. 우리가 보배에 걸리고 무슨 감투에 걸리고 재산에 걸리면 참다운 진인이 못 됩니다.

불교의 목적은 무위진인이 되는 것입니다. 기껏해야 금생에 재산 많이 모으고 감투가 올라가는 것으로 인간의 목적을 생각하면, 정말로 안타까운 속물입니다. 소중한 자기 생명을 갖고서 속물에 바쳐서 일생을 마치면 되겠습니까? 불자님들, 목전에 가족들 문제라든가 여러 가지 문제가 얽히고 설켜서 먹고 살기도 어렵고, 정말로 고난에 처해 있는 분들이 한두 분이 아니겠습니다. 그렇더라도 그런 문제까지도 근본적인 해결은 꼭 진리와 더불어서 해결해야 합니다. 그래야 해결이 빨라지고, 또 어느 고민에도 우리 마음이 불안하지 않습니다.

아까 말한 유출설은 철학자로 플라톤이 맨 처음에 제창했습니다. 물론 더 앞선 분들이 다 알고는 있었지만, 한 체계를 세운 것은 플라톤입니다. 우주는 모두가 하나의 진리에서 왔기 때문에, 종국에는 모두가 그 역으로 하나의 진리로 돌아간다는 말입니다. 우리는 지금 하나의 진리로 돌아가는 나그네 길입니다. 하나의 진리로 돌아간다는 '테오리아(theoria)'라는 말은, 플라톤의 제자인 아리스토텔레스가 또한 체계를 세웠습니다.

우주는 인간이 좋다고 생각하고 궂다고 생각하고, 남을 좋아도 하고 미워도 하고 욕심도 내고 하지만, 그런 것도 인간이 잘 몰라서 그렇지, 알고 보면 그런 모든 시행착오를 거쳐서 드디어 모두가 다 하나의 진리로 돌아가는 과정입니다. 우리 불자님들은 그런 도리를 분명히 아시기 바랍니다. 제가 제 말 하는 것은 아닙니다. 위대한 성현들과 철인들이 다 한결같이 하신 말씀을 저는 전달하는 것에 불과합니다.

우주는 하나의 생명에서 왔다가, 나중에는 하나의 생명으로 귀로(歸路)합니다. 즉 고향으로 돌아갑니다. 내 아내나 내 남편이나 내 자식이나 모두가 다 실은 빠르고 더디고 차이만 있을 뿐이지, 모두가 다 근본 고향 자리, 진리로 돌아갑니다. 진리에서 왔으니 다른 데로 갈 수가 없습니다.

오늘 이렇게 우리 귀중한 불자님들이 많이 모이셨습니다. 이런 자리를 그냥 그렁저렁 미봉책으로 이야기해서는 안 된다고 생각이 들었기 때문에, 좀 납득하기가 어려우셔도 아까 말씀드린 바와 같이 본질적인 진리에다 비추어서 모든 문제를 풀어가도록 하십시다.

그러면 우리가 어떻게 공부를 해야 빨리 근본으로 돌아갈 것인가? 그런 문제를 말씀드리겠습니다. 우리가 본래로 부처이지만, 우리 마음은 지금 여러 가지 못된 생각도 하고, 또 금생에 태어나서 진리에 맞는 생각만 하는 것은 아니지 않습니까? 진리가 뭣인지 모르고 생활해 왔습니다. 그렇더라도 우리 마음의 본성은 진리 그대로인 부처님과 똑같습니다.

우리 마음은 시간성이나 공간성을 가지고 있는 물질이 아니기 때문에, 다른 것으로 해서 더럽혀지지 않고 오염되지 않습니다. 우리가 나쁜 생각을 하더라도, 나쁜 생각이 형체 없이 그림자같이 좀 머물다가 나중에 없어져 버리는 것이지, 우리의 그 청정한 마음을 오염시킬 수가 없습니다. 극악무도한 사람도 마음 본성은 청정무구한 불심과 똑같습니다. 그렇기 때문에, 우리 마음은 본래로 부처라고 분명히 말할 수 있습니다.

우리가 본래로 분명히 부처라고 말하지만, 나쁜 버릇이 너무나 많이 붙어 있습니다. 불교로 말하면 무시(無始) 이래로 몇만 생, 몇천 생 동안에 우리가 인간도 되었다가, 조금 잘 살고 열 가지 선업을 닦아서 천상도 갔다가, 잘못 살아서 지옥도 갔다가, 이렇게 무수 생 동안 행해 온 버릇이 붙어 있습니다. 그런 버릇 때문에, 우리가 본래로 부처라는 소식을 들어도 잘 모릅니다.

부처님 당시로부터 삼백 년 후에 '음광부(飮光部)'라는 근본불교 종파가 있습니다. 불교 종파가 한 20가지나 되는데,

20종파 가운데 하나입니다. 어째서 음광부라고 했냐면, 음광부를 개설한 위대한 성자가 하도 빛나기 때문에, 그 성자가 나타나면 다른 빛은 다 들이마신 것처럼 감추어져 버린다는 말입니다.

음광부를 개설한 분은 '선세(善世)'라는 분인데, 인도 말로 하면 '가섭유가' 그렇게 말하는 것이고, 한문투로 풀이하면 성자라는 분인데, 그분은 십 세도 채 못 된 일곱 살 때 성자가 되었습니다. 여러분 믿기지가 않으시지요? 아직도 재롱부릴 나이인 일곱 살 때 성자가 되었다니!

우리 인간은 충분히 그렇게 될 수가 있습니다. '다라표'라는 비구는 14세 때 승려가 되어, 2년 만인 16세에 팔만장경을 통달하고 아라한과를 성취했습니다. 이것도 믿기 어려운 문제 아닙니까?

그러나 우리 마음이 순수하면 교학적으로 아무 것도 안 배우더라도, 우리 마음이 본래로 법신불이기 때문에, 그 자리는 만민이 다 갖추고 있습니다. 그 자리를 분명히 믿어야 합니다. 그러니까 믿음이라는 것이 소중한 것입니다. 믿으면 우리 공부는 순풍에 돛단배가 됩니다.

신위도원공덕모(信爲道源功德母)라, 믿음이라는 것은 도의 근원이요, 공덕의 어머니입니다. 바른 믿음이 있어야, 우리 공부도 빠르고 성불도 할 수가 있습니다. 그 믿음은 뭘 믿는 것인가? 밖에 있는 부처님만을 믿는 것이 아니라, 바로 우리 마음이 부처인 것을 믿어야 참다운 바른 믿음[正信]이 됩니다. '모든 공덕을 갖추고 있는 것이 본래로 내 마음이다.'라고 믿을 때는, 우리가 설사 무슨 좌절을 당해서 비관에 처해 있고, 나 같은 하찮은 목숨 차라리 끊어버려야겠다고 생각이 들 때라도, 자기 목숨을 끊을 수가 없습니다. 무슨 수로 끊습니까? 가장 소중한 능력이 무한히 자기 마음에 원래 갖추어져 있는데 말입니다.

따라서 그 마음은 무한한 가능성인지라, 우리 믿음과 생각에 따라서는 아까 선세 동자와 같이 일곱 살 먹어서도 성자가 될 수 있습니다. 어느 때도 우리는 실망할 필요가 없습니다. 설사 우리가 교통사고를 당해서 선지피를 흘리면서 목숨이 으스러진다고 하더라도, 실망할 필요가 없습니다. 이 몸에 의지한 우리 마음은 그 때 잠시 고통 받는 것뿐이지, 몸 뚱이가 으스러지자마자 바로 더 나은 삶을 받을 수 있기 때문입니다. 우리가 금생에 바로 살았으면, 교통사고를 당해서 몸뚱이가 으스러진다고 하더라도, 그 순간 몸뚱이가 생명 활동을 그치자마자 더 좋은 쪽으로 천상도 갈 수가 있습니다. 우리 생명은 그러기에 소중하고 존엄스러운 것입니다.

우리가 공부하는 방법도 부처님 법문에 의지하면, 어려운 문과 쉬운 문이 있습니다. 난행문(難行門)과 이행문(易行門), '제

2의 석가'라는 용수보살이 그런 문의 체계를 세웠습니다. 어려운 문은 우리가 경을 배우고 선방에 들어가서 참선을 하고, 모든 힘을 다해서 받들어 가지고 한 단계씩 올라갑니다.

그러나 쉬운 문은, '경을 외우지 마라' 또는 '참선을 하지 마라'는 것이 아니라, 그런 것도 소중하나 그러한 어려운 작업을 안 하더라도 가는 문입니다. 팔만대장경을 누가 다 볼 수가 있습니까? 또 좌선해서 삼매에 들어가기가 쉽지 않습니다. 저는 오십 년 이상 참선을 했지만, 아직도 공부를 끝내지 못했습니다.

그러나 쉬운 문[易行門]은 별로 어렵지가 않으니, '자기 마음이나 모든 우주의 존재가 오직 하나의 생명이요, 하나의 부처다.' 그렇게 믿고서 부처님 이름을 외우는 것입니다. 불교에서 가장 공부하기 쉬운 염불입니다. 이것이 쉬운 문인데, 제2의 석가 용수보살이 그 체계를 세웠습니다. 여러분들은 지금 다 염불을 제대로 하시고 계시겠지요? 그것이 제일 쉽습니다.

내가 부처고 또는 우주 본래의 자리, 우주의 생명이 바로 부처이거늘, 부처의 이름을 외우는 것같이 더 쉽고 절실한 것이 어디에 있겠습니까? 우리 불자님들 마음에다 우주의 훤히 열린 그런 불을 밝히시길 바랍니다. 우리 마음은 바로 부처이기 때문에, 한도 끝도 없이 우주를 다 비추고 있습니다. 자기가 미처 느끼지 못할 뿐입니다. 김씨라는 마음도 우주를 비추고 있고, 박씨라는 마음도 마찬가지이고, 어느 분의 마음도 모두가 다 끝도 갓[邊]도 없이 조금도 거리낌이나 장애를 받지 않고[無障無礙] 우주를 비춥니다.

따라서 아까 말씀드린 성자, 무위진인이 보면 우주는 이 사람 저 사람, 이것 저것의 광명으로 충만해 있습니다. 그러기에 무량광불(無量光佛)이라, 우주 자체가 바로 무량의 빛으로 충만해 있습니다. 다만 원통하게도 우리 중생들이 무명에 가려서, 우주가 다 하나의 부처이고 하나의 광명이라는 진리를 모르는데, 그것을 무명이라고 합니다. 대승경전도 구절마다 모두가 하나의 법문이라 이른바 '일원론(一元論)'입니다.

지금 사람들은 대상을 보면, 내가 있으면 네가 있고, 이것이 있으면 저것이 있고, 상대로만 보지요. 이런 이원론이나 삼원론이 아니라, 우주는 본래로 일원론이라, 하나의 진리라는 말입니다. 그것은 하나의 진리에 그치는 것이 아니라, 바로 생명 자체이기 때문에 부처입니다.

그런 부처님을 우리가 뭐라 이름을 불러야 되겠는데, 가장 절실한 이름이 이른바 관세음보살이나 아미타불, 지장보살, 약사여래 모두가 다 그런 부처님입니다. 그런 부처님을 이름 하나만 지었으면 공부하기가 참 쉬울 것인데, 그렇게 못 되었습니다. 그래서 요령대로 우리 공부에 손해가 없도록 해야 합니다.

다 맞고 소중하니까, 이것 저것 다 불러야 공부가 더 많지 않겠는가? 이런 것이 굉장히 복잡해 보이고 혼란스럽습니다. 기독교는 그런 의미에서는 참 좋습니다. 하늘에 계신 주님, 하나님 한 분만 믿고 생각하니까, 참 하나로 간단하고 좋습니다.

그러나 불교는 우주 모두를 포함하다 보니까, 어느새 자기도 모르는 가운데 복잡하게 되었습니다. 그러나 총 대명사는 바로 아미타불입니다. 지금 이렇게 복잡한 세상에서 지장보살이나 관세음보살이 다 그 자리가 그 자리입니다만, 그래도 기왕이면 총 대명사를 부르는 쪽으로 우리 마음을 모으는 것이 필요하다고 생각합니다. 우리 마음을 하나로 모아야 할 것인데, 너무 이름을 많이 불러 놓으면 관념도 헷갈립니다.

그래서 합리적으로 생각하시도록 제가 말씀을 드립니다. 벌써 보살 지위라는 것은 하나의 생명 자리이고, 보살 지위가 아니더라도 본래로 하나의 생명 자리입니다. 그 보살들 이름은 모두 뿔뿔이 몸뚱이가 따로 있어서 그런 것이 아니라, 다만 그렇게 하나의 덕명(德名), 공덕의 이름으로 부르는 것입니다.

사람도 조금 똑똑하고 자리가 높으면 호가 여러 가지 있고, 사회적 지위에 따라 무슨 회장, 무슨 회장 그런 이름이 많이 붙지 않습니까? 그런 것과 똑같이 부처님 자리도 만덕을 갖춘 자리라, 그냥 몇 가지 개념으로는 그 덕을 다 표현을 못해요.

그래서 자비로운 쪽으로는 관세음보살, 지혜로운 쪽으로는 문수보살, 원행 쪽으로는 보현보살, 그렇게 붙는 것이기 때문에, 모든 별명은 하나의 공덕명입니다. 그러나 총 대명사, 본질은 바로 아미타불이라, 그래서 경전에서도 나무 본사 아미타불이라고 읽습니다.

아까 법회 시작 전에 스님네들도 '나무 아미타불'을 그렇게 부르셔서, 제 마음도 굉장히 흐뭇하게 생각했습니다. '스님네도 정말 참 저렇게 모두가 하나로 생각해서 공덕 이름을 총 대명사로 부르시는구나.'라고 저도 참 동조를 했습니다. 우리 불자님들께 앞으로 관세음보살이나 지장보살을 부르지 말라고 제가 말씀 드릴 수는 없습니다. 다만 모두 똑같은 자리인데, 지장보살을 좀 더 좋아하는 분들이 그렇게 부르면서 거기에 집착해 버리면 다른 것은 저만큼 밑으로 볼 수 있습니다. 그런 고하상(高下相), 높고 낮은 그런 차별상을 두지 않기 위해서는, 아까 말씀드린 대로 우선 모두가 다 같다고 생각하고서 총 대명사쪽으로 우리 마음을 모아야 한다고 생각합니다.

그러기에 신라 때 원효 스님도 마을에 다닐 때, 표주박을 때리면서 '나무 아미타불 나무 아미타불' 그렇게 많이 불렀습니다. 고려 초기에 대각국사 의천 대사도 그렇게 했고, 또 보조국사도 염불 주문을 보면 그렇게 했고, 나옹 대사, 태고 대사 다 그렇지요. 그런 분들은 될수록 복잡한 것을 다 합해서, 하나의 진리로 마음을 향하게 했습니다.

그래서 우리 불자님들도 아미타불로 하시고, 거기다가 '나무(南無)'는 아미타불에 '귀의한다', 우리 모든 생명이라든가 역량 모두를 아미타불로 '귀의한다'는 뜻입니다. 내가 본래 아미타불인 것이고 아미타불이 되어야 하는 것이니까, 그 쪽에다 자기의 온 정력과 정성을 다 바쳐야 되겠지요.

그 다음에 중요한 문제는 아미타불에 대한 관념입니다. 어떻게 무엇을 생각하면서 아미타불을 부를 것인가? 그냥 이름만 부르면, 우리 마음이라는 것이 여태까지 익히고 배우고 습관성을 붙여 놔서, 자꾸만 잡스러운 생각이 많이 납니다. 그렇기에 우리 마음의 소재를 어디다가 둘 것인가? 그것이 중요한데, 아미타불은 사람 같은 모양이 아니지 않습니까?

그러나 소박한 단계에서는 부처님 상호를 관찰해도 무방합니다. 왜냐하면 부처님 모양 상호는 만덕을 갖춘 32상 80수형호라, 부처님 얼굴은 조금도 흠절이 없습니다. 지혜로 보나 덕으로 보나 또는 능력으로 보나, 만능의 상징으로 부처님의 상호가 나왔습니다.

불경에 보면, 부처님께서 3아승기겁이라는 무수한 세월 동안 몇천 번도 넘게 자기 몸을 일반 중생한테 희생하고 순교했습니다. 한 겁도 무량세월인데, 백 겁 동안 32상 80수형호라는 그런 근본 상호를 이루기 위해 모든 복을 지었습니다. 그렇게 해서 부처님의 원만한 상호가 나왔기 때문에, 우리가 부처님 상호를 보면서 '나도 그렇게 닮아야 하겠구나' 하고 염불을 하는 것도 좋습니다.

그러나 그런 것은 아직 상을 덜 떠난 염불인 것이고, 부처님의 참다운 법신은 우주 어디에나 언제나 무엇이나 충만해 있는 하나의 생명의 광명입니다. 그것이 이른바 무량광명 아닙니까? 아미타불 별명 가운데 '무량광불'도 있습니다.

또 아미타불은 바로 낳지 않고 죽지 않는 우주의 생명 자체, 영생의 생명이기 때문에, 무량수불(無量壽佛)이라고도 합니다. 그런 부처님의 이름은 한도 끝도 없는 부처님의 공덕을 다 표현했습니다. 그렇게 우리가 부처님을 생각하면서 부르는 이름 가운데 모든 것이 다 포함되어 있기는 하지만, 이름과 더불어서 부처님 공덕을 다 일일이 열거할 수는 없습니다.

아까 말씀드린 바와 같이, 우선 한도 끝도 없이 잘 생긴 얼굴을 관상하면서 나도 닮아야 되겠구나, 나도 만덕을 다 갖추기 위해서는 모든 중생을 위해서 시시때때로 자기라는 관념을 줄이고 정말로 공평무사한 행동을 해야 할 것입니다.

그래서 언제 어디에나 한도 끝도 없이 빛나는 아미타불을 외우시면 좋습니다. 이것을 불교 용어로 말하면, 우주의 참다운 모습을 담아서 하는 염불이기 때문에, 실다운 실(實) 자 모습 상(相) 자, 실상 염불입니다. 또는 법신 염불(法身念佛)이나 진여 염불(眞如念佛)이라고 하는데, 실상 염불과 다 같은 뜻입니다. 그렇게 하면 철학적으로 염불을 하는 것이 됩니다. 우주의 도리 그대로 하는 것이기 때문입니다.

그러나 부처님 상호를 관찰하는 것은, 아직 상을 두어서 철학적인 염불은 못 되고 하나의 방편 염불입니다. 그렇게 우리 마음이 모아져서 하나로 통일되면, 그때는 깊은 염불삼매라, 오직 부처님만 생각하고 다른 것은 거기에 낄 수가 없게 됩니다. 우리가 소박하니 다른 것은 생각하지 않고, 부처님 이름만 외다가 우리 마음이 오직 하나로 통일되는 게 염불삼매입니다. 그러나 우리 마음으로 부처님의 원만덕상을 상상하면서 염불삼매에 들어도 좋습니다.

여러 가지 교학도 많이 배우시고 '조금 철학적으로 정말로 우주의 실상에 맞게끔 염불해야 되겠구나.' 그런 분들은 실상 염불, 법신 염불, 진여 염불을 하면서, '우주의 끝도 갓[邊]도 없이 만덕을 갖춘 진리가 어디에나 충만해 있구나, 다만 우리 중생이 어두워서 미처 보지 못하는 것이구나.' 생각하면서 하면, 이것이 이른바 가장 고도의 철학적인 염불이 됩니다.

흔히 우리가 생각할 때는, 얼마나 공부를 해야 그렇게 될 것인가, 그런 의심을 품으시겠지요. 사실은 그것이 조금도 어렵지 않습니다. 왜냐하면 염불은 할수록 마음이 가벼워집니다. 우리가 생각할 때 다른 작업은 너무 지나치게 하면 몸도 무거워지고 마음도 피로해지지요. 그러나 염불이라는 것은 꼭 소리를 내야만 되는 것이 아니니까, 소리를 내도 좋고 안 내도 좋고, 또는 가만히 앉아서 가부좌를 해도 좋고 걸으면서 해도 좋고, 또는 반쯤 앉아서 하든 반쯤 서서 하든 어떻게 하나 좋습니다. 조금도 제한이 없습니다. 또는 누워서 해도 무방합니다. 염불은 조금도 피로함이 없습니다. 우리 건강 상황에 따라서 편리한 대로 하면 됩니다.

다만 중요한 것은 염념상속(念念相續)이라, 생각생각 거기에 다른 잡념이 끼지 않도록 해야 한다는 것입니다. 그래야 마음이 통일되어서 삼매에 들어갑니다. 꼭 염불삼매에 들어가야 공덕이 나옵니다. 염불삼매에 안 들어가면 참다운 공덕은 미처 못 나옵니다. 한 번 하면 한 번 한 만큼 공덕은 분명히 있습니다. 그러나 정말로 삼매에 들어가야 무위진인이라, 참다웁게 견성 오도한 그러한 성자가 됩니다.

그것이 항시 목적이 되어야 합니다. 왜냐하면 우리는 성자가 안 되고 버틸 수 없기 때문입니다. 금생에 안 되어도 본래가 부처인지라, 우리는 꼭 성자가 되고 맙니다. 꼭 부처가 됩니다. 부처가 이 사바 현상세계에 나토었다가 다시 부처로 돌아가는 것이 우리 인생의 갈 길이고, 모든 존재가 다 그렇습니다.

이것이 아까 말한 테오리아, 모든 존재가 중심을 향해서 나아가고 있다는 말입니다. 나무나 흙, 하나의 원자 모두가 다 가장 중심적인 그 에너지, 우주 기(氣)에서 다 나오고 있습니다. 우주의 기가 천차만별로 형성되었다가, 다시 우주의 기 하나로 돌아갑니다. 하나에서 와서 모두가 되었다가, 모두가 다 하나로 되는 것이, 영겁으로 되풀이하는 우주의 원리입니다.

염불은 한 번 하면 한 만큼 몸도 좋아지고 마음도 맑아지고, 동시에 자기 집안도 맑아지고 우리 주변을 정화시킵니다. 생각해 보십시오. 본래 부처이기 때문에, 부처님의 이름을 외는 것같이 우주를 정화시키는 것이 없습니다. 어떤 물리적인 힘보다도 그 '나무 아미타불 관세음보살' 한 번 외면, 그것이 바로 자기 마음도 몸도 자기 주변도 가정도 우주도 정화시킨다는 말입니다. 그러나 그런저런 세간적인 공덕을 위해서 하는 염불은 하나의 기초에 불과하고, 가장 중요한 것은 삼매에 든다는 것입니다.

삼매에 들어야 우리 범부심을 녹이고서 성자가 됩니다. 삼매에 들기 전에도 염불을 오래 하면 그냥 보통 재미가 아닙니다. 나중에는 자기가 안 하려고 해도 저절로 속으로 하고 있게 됩니다. 처음에는 소리를 내서 하지만, 오랫동안 하다 보면 나중에는 가만히 있으면서 자기도 모르는 사이에 속으로 하고 있습니다. 그리고 속에서 하는 소리가 그냥 보통 소리가 아니라, 그렇게 신기할 수가 없습니다. 불자님들 그런 공덕이나 행복을 꼭 맛보시길 바랍니다.

돈 주고서 하는 것도 아니며, 그렇게 애쓰고 하는 것도 아닙니다. 참 간단합니다. 우리가 안 하려고 해도 우러나오는 염불이 얼마나 행복스러운지 모릅니다. 머리도 맑아지고 가슴도 시원하고 말입니다. 마음이 맑아지면 동시에 피도 맑아집니다. 그렇기 때문에, 건강으로 보나 무엇으로 보나 최적의 법입니다.

그리고 드디어는 그 부처님의 광명, 빛나는 부처님이 앞에 훤히 보이게 됩니다. 미신도 아니고 맹신도 아닙니다. 부처님은 우주의 진리이고 그 자리는 만물의 자리이기 때문에, 우리 중생이 부처님 같은 그런 광명이 빛나는 모습을 보고자 하는 마음이 있을 때에는, 우리 마음이 청정해짐에 따라서 꼭 앞에 나옵니다. 그것 보고 불교 말로는 부처 불(佛) 자 설 립(立) 자, 부처가 앞에 서 보이는 불립삼매(佛立三昧)라고 합니다. 그러면 모든 의심이 다 풀리고 마음에 막힘이 없게 됩니다.

책 가운데 『십주비바사론(十住毘婆沙論)』이라는 책이 있어요. 거기에 나오는 법문인데, 우리 중생은 본래로 마음이 부처이기 때문에, 그 마음 확실히 붙들고, 그 마음 놓치지 않고서 그 마음으로 마음을 닦는 공부, 형식으로가 아니라 마음으로 마음을 닦는 그런 공부는 일자무식도 무방합니다. 일곱 살 먹은 사람도 전생에 많이 닦았기에, 금생에 조금 순수한 환경 만나서 그냥 금방 도인이 되어버렸습니다. 언제 어느 때나 우리가 도인이 못 되라는 법은 절대로 없습니다.

'형무소에 있으나 어디에 있으나, 어느 때나 마음에 사무치게 정말 내 마음이 석가모니 마음 또는 모든 성자 마음과 하나의 마음이라, 내 마음은 본래로 오염시킬 수가 없다. 따라서 내 마음 자체는 어느 공덕이나 능력이나 다 포함되어 있다.' 이렇게 100%로 딱 믿고서 부처님을 생각하고 부처님 이름을 외운다고 생각할 때, 모두가 성불할 수 있습니다.

이렇게 복잡한 세상에서는 기왕이면 그런 식의 쉬운 문으로 공부를 해야 하겠지요. 그렇다고 어려운 공부를 말라는 것은 아닙니다. 사실은 우리가 제대로 알아먹지 못해서 그렇지, 어느 경전이나 모두가 다 쉬운 쪽으로 말씀했습니다. 그대 마음이 바로 부처인 것을 믿고서 그대로 공부하면 된다고 말씀했습니다.

그래서 달마 스님도 '불립문자(不立文字)라, 문자를 세우지 않고서, 이심전심(以心傳心)이라, 마음에서 마음으로 깨달아라.' 하고 말씀을 하셨습니다. 참선도 원래 의미는 그래요. 아미타불이 저 밖에 계신다고 하면 방편 염불이지만, 그러나 자기 마음이 바로 자성불이라 생각하고서 화두를 들고 염불을 하고 주문을 할 때는 모두가 참선입니다.

우리 불자님들 기왕이면 참선하고 싶겠지요. 지금 사람들은 염불이라는 것을 잘 몰라서, 염불은 그냥 누구나 하는 것이고 참선은 더 고도의 수행이라고 생각하기 쉽습니다. 그러나 그렇지가 않습니다. 우리 마음 자세에 달려 있습니다. 우리가 화두를 든다고 하더라도, 자기 마음이 부처인 줄을 모르면 그때는 참선이 못 됩니다.

그러나 염불을 하건 주문을 외우건 간에, '우리 마음이 바로 만능을 갖춘 부처님이다.' 생각하고 염불이나 주문을 외운다면, 그것이 바로 염불선이 되고 또는 염불 주문이 됩니다. 가령 우리가 하나님으로 보더라도, 하나님이라는 개념 내용이 우리 부처님의 법신불과 똑같다면, '오, 주여!' 한다고 하더라도 그대로 참선이 됩니다.

우리는 어려운 문화시대에 살고 있습니다. 앞으로 도래하는 문화는 세계적인 진리가 다 융통해야 합니다. 그렇지 않고서는 공연히 종교 때문에 서로 싸우고 전쟁하게 됩니다. 그러면 이것은 종교도 아니고 아무 것도 아닙니다.

따라서 우리가 어느 도둑놈이나 누구나 다 부처님 자손이라고 생각해야 합니다. 이렇게 해야 참다웁게 불교의 진리를 믿는 것이고, 동시에 가장 쉬운 공부고 행복해지기 쉽습니다. 염불 한 번 하고 나면 귀신이나 신장이나 다 좋아합니다. 우리 눈에는 안 보이지만 그런 존재가 굉장히 많은데, 그런 나쁜 귀신들도 좋아하고 두려워합니다.

더구나 '중생념불불환억(衆生念佛佛還憶)'이라, 원래 우리가 부처거니, 우리가 부처를 부르면 부처도 역시 우리를 굽어본단 말입니다. 따라서 부처님의 가피가 분명히 있습니다. 거기다가 '염념상속(念念相續)'이라, 생각생각에 끊임없이 염불을 한다고 생각할 때는 염불삼매에 들고, 염불삼매까지는 미처 못 간다고 하더라도, 우리 마음은 부처님이라 염불을 안 해도 저절로 염불이 나오게 됩니다.

그렇게 느끼시길 바랍니다. 그렇게 느끼시면 정말로 매일매일 신묘한 멜로디를 들으면서 공부할 수가 있습니다. 그렇게 꼭 금생에 염불삼매에 들어서 우리 본래의 고향 땅에, 본래 들어가야 할 그 자리에 금생에 꼭 가셔야 하겠습니다.

오늘 초대를 받으시는 영가들도 지금까지 제가 드린 말씀을 명심하셔서, 그 어두운 저승, 저승길은 굉장히 어두운

세계인데, 저승길에 헤매지 마시고 극락세계, 극락세계는 번뇌를 다 없애버린 청정한 존재가 들어가는 세계, 즉 성자가 들어가는 극락세계에 들어가시길 바랍니다.

극락세계는 꼭 금생에 성자가 되어야만 가는 것도 아닙니다. 금생에 갖은 나쁜 일을 많이 했더라도, 영가들은 지금 몸이 없으니, 마음으로 부처님을 100% 믿고 100% 믿는 그 마음으로 우리 인간과 우주의 참다운 생명 자체인 나무 아미타불을 간절히 외운다면, 그 공덕으로 해서 성자가 미처 못 된 영가도 본래 마음은 오염이 안 되었기 때문에 순식간에 극락세계에 왕생할 수가 있습니다.

나무 석가모니불
나무 본사 아미타불!

곡성(谷城) 설령산(雪靈山) 성륜사(聖輪寺) 청화(淸華) 합장

단박에
윤회를 끊는
가르침

印光大師 嘉言錄

인광대사 가언록 중에서

채식은 지계와 자비
수행의 밑바탕

천지의 큰 덕은 만물을 낳아 기르는 생명력이고, 여래의 큰 도는 중생을 불쌍히 여겨 제도하는 자비심이라오. 사람과 만물이 비록 모습은 다를지라도, 심성은 한 가지라오. 무릇 보살·벽지불·성문의 성현 삼승(三乘)과 천상·인간·아수라·축생·아귀·지옥의 평범한 육도 중생은, 여래께서 보시기에는 누구나 똑같은 한 자식에 불과하오.

왜냐하면, 그들 모두 불성(佛性)을 지니고 있으며, 또 모두 부처가 될 수 있기 때문이라오. 성현의 삼승은 그만두고라도, 육도 중생만 해도 그렇소. 겉보기에는 비록 그들이 처한 신분 지위나 그들이 각자 받는 고통과 쾌락이 하늘과 땅처럼 현격히 차이 나긴 하지만, 그들 모두 미혹과 업장을 다 끊지는 못하여, 아직 생사윤회를 벗어나지 못했기는 매일반이오. 그런데 천상 세계도 복이 다하면 아래로 내려오고, 지옥 중생도 죄가 소멸하면 다시 위로 올라오는 법이오. 마치 수레바퀴가 굴러가며, 위아래가 서로 번갈아 뒤바뀌는 것과 같은 이치오.

우리가 지금 다행히 인간의 몸을 받았으니, 이리저리 궁리하고 갖은 방법을 다해, 우리만 못한 중생의 생명을 보호하고 아껴 주어야 마땅한 도리가 아니겠소? 천지가 만물을 낳아 기르는 덕을 몸소 느껴 보고, 우리가 타고난 측은지심(惻隱之心)의 어진 천성을 온전히 지키는 것이오. 만물이 모두 우리처럼 천지간에 생겨나고, 똑같이 천지의 보살핌으로 자라는데, 우리와 똑같이 삶에 탐착하고 죽음을 두려워하지 않겠소?

어진 사람은 해골까지 흙 속에 묻어주고, 막 자라나는 풀과 나무의 가지도 꺾지 않는다오. 하물며 우리의 입과 뱃속을 만족시키기 위해서, 뭇 생명들을 칼로 자르고 가르며, 불에 굽거나 물에 삶고, 기름에 지지고 볶는 고통을 당하도록 요구한단 말이오? 이러한 중생들도 시작도 없는 때[無始]부터 일찍이 아주 높고 귀한 지위에서 대단한 위엄과 권세를 누려왔을 텐데, 그러한 위엄과 권위를 잘 이용하여 공덕을 쌓을 줄은 모르고, 도리어 그를 빙자하여 악업만 지었을 것이오. 그 결과 죄악이 계속 쌓여 하등 중생으로 타락하여, 입으로 말도 못하고 마음에는 지혜와 사려 분별도 없으며 몸에 특별한 기술이나 재능도 타고나지 못해, 지금 같은 재난을 당하게 된 걸 우리는 꼭 알아야 하오.

물론 약육강식(弱肉强食)이라는 먹이 사슬의 자연 법칙으로 해명한다면, 사리상 그럴 듯하오. 그렇다고 마음속에 맺힌 원한 감정이 내생(來生) 대대로 복수할 엄두를 품지 않을 리가 있겠소? 사람이 설령 만물이 살해당할 때 겪는 고통까지 생각하지는 못한다고 할지라도, 도살당할 때 원한이 심령 깊숙이 맺혀, 나중에 내가 그에게 살해당할 것이라는 보복조차 두려워 하지 않는단 말이오? 또 하늘(자연)이 낳아 기르는 생명을 잔인하게 해치면, 하늘(자연)이 장차 내 복과 수명을 빼앗을 것은 두렵지 않단 말이오?

사람들은 오직 자기 가족끼리만 모여, 몸과 마음 안락하며 만사가 뜻대로 순조롭고 장수하기만 바란다오. 정말 그러고 싶거든, 마땅히 대자비심을 발하여 다른 생명을 살려주는[放生] 착한 일에 힘써야 하오. 그러면 천지신명이 모두 우리가 만물을 사랑하는 정성에 감동하여 우리를 보우하게 되고, 우리가 바라는 바가 저절로 이루어지게 된다오.

만약 우리가 재력이 있고 지혜가 있다고 해서, 갖은 방법을 동원하여 온갖 생명을 잡아, 그들의 고통은 생각지도 않은 채, 우리 자신의 입과 배를 채우기에 급급하다면, 과연 인간[人]이 하늘[天] 및 땅[地]과 더불어 우주의 세 근본 존재[三才]가 된다고 할 수 있겠소?

그리고 우리와 만물은 함께 생사고해를 윤회하면서, 시작도 없는 때부터 지금까지, 때로는 그들이 우리 부모 형제나 처자가 되기도 하고, 거꾸로 우리가 그들의 부모 형제나 처자가 되기도 하였으며, 때로는 그들이 사람이나 다른 짐승으로 우리에게 살해당하기도 하고, 거꾸로 우리가 그들의 손에 살해되기도 하였을 것이오. 친척이 되기도 하고 원수가 되기도 하며, 서로 사랑하고 서로 살해한 은혜와 원한을 차분히 생각해 본다면, 부끄러워 살고 싶지도 않을 뿐만 아니라, 서둘러 참회하고 고쳐도 오히려 때늦을 것이오.

하물며 여전히 구태의연한 인습에 얽매여 미혹한 편견을 고집하고, 하늘이 만물을 낳아 기르는 것은 본디부터 인간의 먹거리로 주시기 위함이라고 강변한단 말이오? 그렇다면 우리는 아직도 미혹과 업장이 두터워, 정말 윤회 고해를 벗어날 길이 없게 되오. 그런데 만에 하나라도, 저들의 죄업이 모두 소멸하여 다시 인간 세상에 태어나고, 착한 뿌리[善根]가 뻗어나 정법을 듣고 수행에 정진함으로써, 미혹을 끊고 진리를 증득하여 마침내 불도(佛道)를 이룬다고 생각해 봅시다.

우리가 아직도 타락해 있다면, 마땅히 그들이 자비와 연민을 베풀어, 우리를 고통에서 벗어나 불성을 깨닫도록 구원해 주기를 간절히 바라게 될 것이오. 그러니 어찌 한 때의 강한 힘과 재주만 믿고 오랜 세월토록 구원받지 못할 죄업을 저지를 수 있겠소?

우리는 이러한 업보 윤회의 이치를 모르지만, 여래께서는 훤히 들여다보고 계신다오. 이러한 진실을 몰랐을 때야 그만이었지만, 이제 여래의 가르침을 듣고 배워 알게 된 이상, 부끄러움과 자비 연민을 이기지 못해야 마땅할 것이오. 우리가 숙세의 착한 복덕으로 다행히 인간 세상에 태어났으면, 마땅히 저들과 전생에 맺고 맺힌 원한 감정을 풀어버리도록 살생을 피하고 방생을 실행하여, 모든 생명이 각각 자기 자리를 얻도록 해 주어야 하오.

나아가 염불 독경의 공덕으로, 그들이 악도(惡道)를 벗어나 극락정토에 왕생하도록 회향 기도해 줄 필요가 있소. 설령 그들이 업장이 너무 무거워 곧장 왕생하지 못할지라도, 우리 자신은 이러한 자선 공덕으로 서방정토에 결단코 왕생하기를 간절히 기원해야 마땅하오. 그렇게 왕생하기만 한다면, 곧 평범을 초월하여 성현의 경지에 들고, 생사윤회를 영원히 벗어나 점차 부처의 과보를 증득해 갈 것이오.

옛날 불교가 동방에 전래하지 않았을 때는, 유교의 성현들이 세간의 윤리 도덕으로 교화를 폈다오. 그래서 우리 중생이 모두 불성을 갖추고 있으면서 육도 윤회를 반복하는 사실과, 미혹을 끊어 진리를 증득하고 평범을 초월하여 성현이 되는 수행의 이치 등은, 아직 뚜렷이 알려지지 않았소.

그러기에 살생을 금지하는 계율까지 세우지는 않았소.

그렇지만 우리 중국의 옛 성현들도, 차마 하지 못하는 마음[不忍之心]으로 만물을 사랑하고 생명을 놓아준 가르침이 수없이 많다오. 아주 확실하게 역사 기록으로 후세에 전해지는 행적만도 적지 않소. 『서경(書經)』에는 짐승·물고기·초목까지 모두 기뻐 춤추었다는 기록이 있고, 문왕(文王)의 덕택은 해골까지 덮어 주었다고 전해지오. 논어에는 낚시질은 하더라도 줄낚시나 그물질은 안 하며, 주살을 쏘더라도 밤에 잠자는 짐승을 사냥하지는 않는다는, 공자의 어진 말씀이 적혀 있소. 맹자는 산 목숨을 보면 그것이 죽는 것은 차마 볼 수 없기 때문에, 짐승이 도살당하면서 지르는 비명 소리만 들어도 그 고기를 차마 먹지 못한다는 측은지심을, 인정(仁政)과 왕도(王道)정치의 출발점으로 강조하였소.

또 주(周) 나라 예법에 따르면, 제후는 정당한 이유(중요한 일) 없이 소를 잡지 않으며, 대부는 정당한 이유 없이 양을 잡지 않고, 선비는 정당한 이유 없이 개돼지를 잡지 않으며, 서민은 특별한 경우가 아니면 진기한 음식, 곧 고기를 전혀 먹지 않았다오. 그런가 하면, 간자(簡子)가 비둘기를 놓아 주고, 자산(子産)이 물고기를 물에 넣어 기르며, 수후(隨侯)가 뱀을 살려 보옥을 얻고, 양보(楊寶)가 참새를 구해준 일과 같은 방생의 행적도 수없이 전해지오.

이러한 문헌 기록만 보더라도, 살생의 악업은 유가의 성현들도 결코 금하지 않은 게 아님이 분명하오. 다만 세간의 중생들을 교화시키기 위해, 임기응변의 방편 도덕을 따른 결과, 완전히 끊도록 요구하지 못한 것일 따름이라오. 무릇 당시 상황으로 보아, 정당한 이유(중요한 일)로 목숨을 죽인다면, 그 살생은 정말 적었을 것이오. 더구나 특별한 일이 없으면 고기를 먹지 않았다고 하니, 사람들이 고기를 먹는 일은 일 년에 며칠도 채 안 되었을 것이오.

　　그런데 후세에 성현의 도가 스러지고 교화가 쇠퇴하면서, 사람들의 심성이 갈수록 잔인해지고, 마침내 너나할 것 없이 육식을 집안의 다반사로 습관들이게 되었구료. 자기 한 입만 챙기느라, 다른 생명의 고통은 한 번도 생각해 보지도 않으니, 어찌 슬프지 않겠소?

　　다행히 불교가 전래한 이후, 모든 중생이 불성을 지니고 있는데, 이를 모르면 생사윤회가 그칠 날 없고, 이를 깨달으면 열반을 증득하여 영겁토록 상주한다는, 진실한 원리와 사실이 철저하게 밝혀졌소. 그래서 고물고물한 모든 중생이 과거에 우리 부모였고, 미래에 부처가 될 것임을 알게 되었소. 그러니 감히 잡아먹을 수 없을 뿐만 아니라, 나아가 그들 모두가 각자 자기 자리를 얻도록 해주어야 마땅하오.

　　아나나 다를까, 역대로 거룩한 임금과 현명한 신하, 지혜로운 선비와 뛰어난 유생들은, 대부분 부처님의 가르침을 높이 받들어 따르면서 인자한 덕성을 함양하였소. 더러는 육식을 끊고 채식을 하며, 더러는 살생을 금하고 방생을 널리 행하였소. 그토록 훌륭한 덕행과 아름다운 말씀들이 역사책에 수없이 실려 전해지는 것은, 후세 사람들도 이들을 본받아 함께 자비심을 수양하고 만 생명을 사랑하도록 권장하는 가르침이 아니겠소?

사람과 다른 동물은 모두 똑같이 피와 살로 이루어진 몸을 받았으며, 또한 똑같이 지각과 의식 있는 영혼과 심성을 지니고, 같은 천지 사이에 살아가고 있소. 다만 숙세의 죄업과 복덕이 서로 달라, 지금처럼 각기 다른 형체와 의식 수준으로 나뉘었을 뿐이오. 내가 강하고 저들이 약하다는 이유 하나만으로, 그들 살코기로 내 뱃속을 채우면서 쾌락과 만족을 누리는 일이, 바로 전생 복덕의 보답이라고 내세울 수 있겠소?

그 복덕이 한번 다하고 나면, 죄업의 과보가 눈앞에 닥쳐 다른 동물로 떨어지고, 마침내 사람들의 부림을 받다가 살육을 당할 줄 누가 알리오? 그때 몸으로 대적할 수도 없고 입으로는 말도 못하며, 마음속에 차오르는 근심과 두려움과 고통에 휩싸인 자신을 돌아보면서, 고기를 먹은 게 큰 죄악이었고, 고기를 먹는 사람이야말로 진짜 나찰임을 알게 될 것이오. 그러나 다른 사람이 자기를 잡아먹지 못하도록 막고 싶어도, 그때는 이미 어찌할 수 없는 궁지일 뿐이오. 한때 입맛을 위해 미래 오랜 겁토록 자신의 목숨을 바쳐야 할 것이니, 이는 자살에 비해 만 배나 더 참혹하고 끔찍스러운 짓이 분명하오. 어찌하여 이런 짓으로, 그처럼 엄청난 재앙을 스스로 불러들인단 말이오. 만물의 영장이라는 인간이, 어찌 그리도 어리석고 미혹하단 말이오.

그래서 『능엄경』에 "사람이 양을 잡아먹으면, 양은 죽어 사람이 되고, 그 사람은 죽어 양이 된다." 하였소. 또 『입릉가경』에도 세존께서 고기 먹는 것을 갖가지로 질책하시면서, 모든 중생이 시작도 없는 때부터 생사윤회를 끊임없이 반복해오면서, 서로 부모 형제나 처자 또는 친구의 인연을 맺어왔는데, 지금 생명을 바꾸어 짐승으로 태어났다 해서, 어찌 그들을 함부로 잡아먹을 수 있느냐고 탄식한 내용이 나온다오.

다른 생명을 죽여 그 고기를 먹으면, 티끌처럼 무한한 영겁의 세월토록 서로 죽이고 잡아먹기를 반복하는데, 마치 수레바퀴가 굴러가며 위아래가 끊임없이 뒤바뀌듯, 윤회 보복이 계속한다는 거라오. 사마타(奢摩他: 禪定)와 부처님 출현을 기다려야만, 비로소 그 복수의 사슬이 끊길 수 있다고 하오. 그런데 사마타의 도를 어디 그렇게 쉽게 얻을 수 있으며, 더구나 부처님이 세상에 출현하는 때는 어디 아무나 만

날 수 있는 것이오? 그러하거늘, 우리가 가까이는 앞선 성현들의 언행을 본받고, 멀리는 부처님의 가르침을 따르지 않을 수가 감히 있겠소? 우리가 죽기 싫어하는 마음을 미루어 짐작하여, 지금 잡혀 요리당하기를 기다리는 목숨들을 건져 준다면, 숙세의 업장을 덜어 내고 착한 복덕의 뿌리를 심어 기를 수 있으며, 나아가 살해의 원인을 영원히 끊어버려 함께 무궁토록 장수하는 과보를 얻을 수 있을 것이오.

일체의 중생은 모두 불성을 지니고 있으며, 우리의 과거 부모이자 미래의 부처이기도 하오. 온갖 방법을 강구하여 보호하고 구제하여도 오히려 부족할까 걱정해야 할 판에, 어찌 한 순간 우리 입과 배를 만족시키기 위하여 그들의 몸을 죽인단 말이오?

뭍이나 허공, 물속에서 기고 날고 헤엄치는 모든 중생들이, 똑같이 영명(靈明)한 지각(知覺)과 의식을 갖추었으나, 단지 숙세의 업장이 몹시도 깊고 무거워 우리와 다른 모습의 몸을 받은 걸 우리는 알아야 하오. 비록 그들이 입으로는 말할 수 없지만, 먹을 것을 찾고 죽기 싫어 피하는 꼴을 보면, 그들 역시 우리 인간과 다를 바 없음을 깨달을 수 있지 않소?

우리는 다행히도 전생의 복덕에 힘입어 인간으로 태어나 지혜로운 마음까지 받았으니, 마땅히 만물이 모두 우리와 똑같이 하늘을 아버지로, 땅을 어머니로 생겨난 동포임을 알고, 형제의 우애를 도탑게 다해야 할 줄 아오. 그래야 인간이 하늘 및 땅과 함께 삼재(三才)로 자부하며, 천지자연의 생장 변화 이치[道·眞理]를 참구하고 보필한다는 대의명분이 부끄럽지 않게 되오. 인간과 중생이 각각 자기의 자리를 얻어, 하늘과 땅 사이에서 평화롭게 공존 공생하며 타고난 천수(天壽)를 다해야 하지 않겠소?

그런데 천지자연이 만물의 생명을 낳아 기르는 덕은 아랑곳하지 않은 채, 자기의 입맛이나 즐기고 뱃속이나 채우려는 생각만 품고, 자기가 좀 강하고 재능 있다고 약한 그들을 마음대로 잡아 그 고기를 먹는단 말이오? 그러다가 언젠가는 반드시 전생에 쌓아 둔 복덕이 다하고, 살생의 죄업이 눈앞에 나타나는 날이 닥칠 것이오. 그때는 인간의 얼굴과 모습을 바꾸고 싶지 않더라도, 업력(業力)에 따라 그들과 서로 자리를 바꾸어 잡아먹히는 꼴이 될 것이오.

하물며 육식은 독성(毒性)이 강한데도, 즐겨 먹고 싶단 말이오? 살해당할 때 원한의 마음이 내뿜는 독기(毒氣)가 엉기기 때문이오. 그래서 무릇 전염병이 나돌 때에도 채식하는 사람은 감염되는 일이 몹시 적다오. 또 고기는 아주 더럽고 혼탁한 물건으로, 이를 먹으면 피가 흐려지고, 정신도 맑을 수 없게 되오. 발육 성장은 빠른 게 사실이지만, 그만큼 일찍 노쇠해지고, 특히 질병에 가장 쉽게 걸리는 취약 체질의 화근이기도 하오.

반면 채식은 맑고 정갈한 식품으로, 채식을 하면 기혈(氣血)이 맑아지고 정신도 또렷해지며, 자양분도 풍부하여 건강 장수하고 잘 늙지 않게 되오. 이는 비록 보건 위생에서 늘상 거론하는 상식 같은 이야기지만, 사실은 하늘로부터 타고난 성품을 다하는 지극한 이론이기도 하오. 다만 속세의 관습이 잘못 이어지면서, 그만 미혹과 사견이 갈수록 두텁게 쌓여, 본래 성품의 자리로 되돌아가지 못하고 있는 것뿐이라오.

어진 사람은 반드시 만물을 사랑하고, 생명을 죽이는 자는 결코 어진 사람이 아니오. 이는 습관(습)과 천성 때문이라오. 그래서 성왕이 세상을 다스릴 때에는, 길짐승이나 날짐승은 물론 물고기와 미물까지 모두 즐거워하며, 대도를 밝혀 백성을 교화하기에 활이나 창, 낚시 같은 살상 무기를 모두 없앤다오. 예부터 지금까지 두루 살펴보면, 잔인하고 재물과 음식에 탐닉한 자들은 집안이 대부분 끊겼으며, 어질고 자비와 사랑으로 만물을 구제한 이들은 자손이 반드시 창성하였소. 그래서 산 사람을 차마 순장(殉葬)할 수 없어 대신 인형[俑: 진시황릉에서 출토한 兵馬俑 같은 附葬品]을 만들어 쓴 창시자에 대해서조차, 공자는 결코 후손이 없을 것이라고 단죄하였소. 또 제멋대로 고기를 먹는 사람에 대해, 여래께서는 반드시 그 빚을 갚아야 할 것이라고 수기(授記)를 내리셨소.

(이 말은 『맹자』 양혜왕(梁惠王) 편에 나오는 말로, 원문은 "처음 부장용 인형을 만든 자는 그 후손이 없을진저![始作俑者, 其無後乎]"이다. 양 혜왕이 가르침을 청하자, 맹자는 막대기와 칼날로 사람을 죽이는 게 차이가 있는지 묻고, '없다고 답하자 다시 칼날과 (나쁜) 정치로 사람 죽이는 게 다르냐고 되묻는다. 또 없다고 답하자, 맹자는 "왕의 푸줏간에 살진 고기가 즐비하고 마구간엔 살진 말이 있는데, 백성이 굶주리고 들에 굶어 죽은 시체가 널려 있으니, 이는 짐승을 몰아다가 사람을 잡아먹게 하는 거나 다름없다고 힐난한다. 짐승끼리 서로 잡아먹는 것조차 사람들은 싫어하는데, 하물며 인민의 부모(왕)가 정치를 행하면서 짐승으로 사람을 잡아먹게 한다면, 왕의 직책은 도대체 어디(무엇)에 있느냐고 강하게 힐난한다. 이어서 "중니(공자)는 '처음 순장용 인형을 만든 자는 그 후손이 없을진저![始作俑者, 其無後乎]'라고 말하였으니, 그것은 사람 모습을 본떠 썼기 때문이다.[爲其象人而用之也]"라고 그 이유를 밝힌다. 사람의 모습을 땅속에 묻어 순장하는 불인(不仁)조차 그토록 비난을 받는데, 어떻게 인민을 굶주려 죽게 할 수 있느냐는 강렬한 질책인 것이다.

'始作俑者'의 전통적 해석은, 나쁜 짓이나 악렬한 풍습을 처음 물꼬 튼 원흉은 천벌을 받을 거라는 뜻이다. 그런데 도덕이 타락한 말세 풍조에 젖은 현대인이 보기에는, 인류문명의 '역사발전' 관점에서, 산 사람을 묻는 순장 대신 인형을 도입한 것은 오히려 인도주의의 발현으로 칭송해야 할 '선행공덕'으로 볼 수도 있는가 보다. 실제로 위키백과사전의 중국어판본인 '維基詞典'은 그런 시대흐름을 반영해 완전히 상반된 의미로 풀이한다. 즉, 맹자 원문의 '其無後乎'를 '어찌 그 후손이 없겠는가?'라고 반문한 걸로 풀이하며 몇 가지 근거를 댄다.

첫째, 문장형식상 단순한 설의적 반어법의 의문문으로 본다. 허나 감탄문으로 보는 전통 해석도 똑같이 성립하며, 맹자 원문 맥락에서 갑자기 '사람 인형 순장했다고 어찌 후손이 없겠느냐?'는 반문이 등장하는 건 참으로 어색한 논리비약이다.

둘째, 위에서 소개한 맹자 원문 맥락에서 '始作俑者 , 其無後乎 ! ' 뒤에 '차마 산 사람을 묻어 죽일 수 없어서'가 생략된 걸로 보고, '爲其象人而用之也'를 '그[其] 사람 모습[象人]을 만들어[爲] 썼다'고 풀이한다. 고문의 구조상 전혀 불가능한 해석은 아니지만, 문장구조 분석은 견강부회에 가깝다. '爲'를 원인으로보아 '때문이다'고 풀이하는 전통 해석이 훨씬 자연스럽다.

셋째, 실질논리상 공자시대에 이미 용인(俑人)의 부장이 보편적이었는데 그런 사람 모두를 비난하고 책망했다는 건 이해하기 어렵단다. 또 '인(仁)'을 근본으로 하는 공자의 인본주의 철학사상의 관점에서 '사람' 대신 '인형'을 부장하는 것은 획기적 역사발전으로 오히려 칭송해야 할 선행 공덕이라 하고 있다.

허나 이는 공자와 맹자의 원시 유가의 깊은 인본주의 철학사상에 대한 이해 부족이다. 물론 노자의 지적처럼, 미더운 말은 아름답지 않고 아름다운 말은 미덥지 않은 현실이지만, 도(道)와 덕(德)도 결국 말과 글을 통해 표현되므로 인간현실에서 말글의 위력은 막강하다. 그래서 공자는 명실상부한 정명(正名)을 주장하며 말과 명분의 중요성을 강조했다.

꾀 많은 조조가 목말라 허덕이는 군사들의 갈증을 풀어 사기를 진작시키기 위해 '저 언덕 너머에 매실이 주렁주렁 열려있다'고 거짓말해 군침을 돌게 하고 위기를 모면했다고 전한다. 거꾸로, 은나라 마지막 주임금의 별도(別都)로 주나라 때 강숙을 위나라에 봉한 도읍지인 조가(朝家)는 弔歌와 음이 비슷하고 포학무도한 주(紂)임금의 이미지를 연상시키기 때문에 묵자는 이 도읍에 들어가지 않고 마차를 돌렸다고 전한다. 또 증자는 '어머니를 이긴다'는 '승모(勝母)'라는 이름의 마을에는 들어가지도 않았다고 한다. 모두 '이름'이 지니는 물리적 '파동'과 심리적 '의미'연상 작용이 발휘하는 은근한 함축적 위력을 실감하게 하는 역사적 실례들이다.

그래서 공자는 어진 마을에 거처하는 아름다움과 지혜로움을 강조했다.[里仁爲美, 擇不處仁, 焉得知?] 왜냐하면 난실에 들어가면 난향이 옷에 배고, 어물전에선 비린내가 젖기 때문이다. 말과 글에 담긴 관념과 생각의 향기도 사람의 뇌리와 심리에 긍정적이든 부정적이든 강력한 전자기장을 미치기 마련이다. 공자는 사람 모습을 본뜬 '용(俑)'이 사람을 순장하던 나쁜 악습을 무의식 중에 떠올리는 심리연상까지 염려한 것이다. 지금도 대만에서 순수 채식 염불수행자들은 콩 단백이나 밀 단백으로 만든 채식에 콩'고기'나 밀'고기'란 이름을 붙이는 것조차 꺼려한다. 마음이 순수하고 섬세하게 수련되어 갈수록 더욱 정치(精緻)해지기 때문이다.

또 다른 기발한 해석으로는, '처음 순장용 인형을 만든 사람은 그 후계자가 없겠는가?'라는 의미로, 반드시 그를 본받는 모방 범죄가 뒤를 이을 거라는 우려다. 과연 진시황은 대대적인 병마용을 만들어 자신의 사후 지하궁전을 호위하도록 준비했고, 그로 말미암아 엄청난 인력과 재물이 소모되고, 마침내 그 작업에 참여한 사람까지 생매장했다는 비극의 역사가 전해진다. 그 덕분에 그 엄청난 역사문물이 전해진다고 감탄한다면 더 이상 할 말이 뭘까?)

단지 푸줏간(도살장)만 멀리하면서, 도살의 모습과 비명을 보고 듣지 않으면 고기를 먹어도 좋고, 적당히 자신과 타협하지 않기를 바라오. 이는 유가에서 세속의 풍습에 따라, 할 수 없이 내세운 임시방편의 교화일 따름이오. 진실로 비린내와 매운 맛을 영원히 끊어야, 바야흐로 부처의 가르침과 진리에 부합한다고 일컬을 수 있겠소.

옛날 노(魯)나라에 용감한 두 사람이 있었는데, 피차 이름만 익히 듣고 서로 직접 만나 보지는 못하였소. 그러다가 어느 날 서로 만나 술을 사서 함께 마시게 되었다오. 한 사람이 "고기 안주가 없으면 맛과 멋이 별로 없으니, 가서 고기를 사오자."고 말하자, 다른 한 사람이 "그대와 내가 모두 고깃덩어리인데, 어찌 달리 구한단 말이냐?"고 대꾸하였다는 거요. 이 말을 듣고 그 식견이 매우 높다고 생각한 그들은, 마침내 옷을 걷어 부치고 각자 살을 떼어, 서로 상대방과 맞바꾸어 먹었다오.

그들은 의기양양하여 자신들의 교유야말로 마음과 뜻이 서로 진지하게 들어맞는 친구 사이라고 여기며, 각자 살까지 베어 내어 먹었지만, 마침내 죽고 말았소. 이 소문을 전해 들은 사람들은, 모두 그들의 어리석음에 탄식하지 않을 수 없었소.

그런데 세상 사람들은 바로 육식 때문에 끝없는 살생의 죄업을 지어, 오랜 세월에 걸쳐 서로 자리를 뒤바꾸어 가면서 살생으로 보복하고 있소. 그러니 이들 노나라의 용사들보다 더욱 비참하고 혹독한 셈이오. 지혜의 눈이 없기 때문에 후세의 과보를 알지 못하고, 도리어 득의양양하게 육식을 자랑하고 과시하면서, 채식하는 사람들을 미신이나 박복(薄福)의 소치로 덮어씌우고 비방하기 일쑤요. 세인의 습속이 오래 이어져 내려와, 잘못조차 모르고 있는 게요.

그래서 석가여래께서 『범망경(梵網經)』과 『능엄경(楞嚴經)』, 『능가경(楞伽經)』 등의 대승경전에서, 살생과 육식의 과보로 초래하는 재앙을 지극하게 설법하셨으니, 이는 재앙을 발본색원하려는 진정한 대자대비심에서 나온 것이오. 근래 살육의 참상은 만고에 듣지 못했을 정도라오. 게다가 홍수·가뭄·전염병·폭풍·지진·화산폭발 등 천재지변 소식이 끊임없이 전해지고 있소. 이들 모두 결국 살생의 죄업으로 말미암아 일어나는 인과응보일 뿐이오. 세상인심과 윤리 도덕이 갈수록 타락해 가고 있기 때문에, 천벌과 인재(人災: 사고)가 줄지어 일어난다오. 이는 거울 앞에 서면 본래 모습 그대로 비치는 것과 같아, 피하거나 속일 수 없는 것이오.

그런데도 세속의 미혹은 막심하여, 악을 저지르면서 선으로 착각하고, 죄업을 지으면서 복을 닦는다고 잘못 믿는 경우가 거의 대부분이오. 그 가운데 가장 눈 뜨고 보기 어렵고 마음 아프게 하는 처참한 광경은, 아마도 천지신명께 제사 지낸다는 일일 것이오. 부자와 재벌은 소 돼지를 잡아 제사 지내며, 한편으로는 많은 복 받기를 기원하고, 다른 한편으로는 자신의 재력을 과시하오. 살림 규모가 작고 가난한 집안도 하다못해 닭이나 오리를 잡아, 신명의 보우로 복과 수명이 늘어나고, 만사가 뜻대로 형통하기를 기원하기는 매일반이오.

천지는 만물을 낳아 기르는 일이 자연스런 덕성이고, 신명은 천지를 대신하여 모든 일을 직접 주재하는 존재인 줄을 모른 채, 사람들의 마음은 천지신명과 완전히 상반하는 것이오. 만약 천지신명이 자기 혼자를 위해 바치는 제사를 기쁘게 받아 누리면서, 그 대가로 수많은 생명들이 도마 위에 칼로 난자질당하도록 내버려 둔다면, 어찌 총명하고 정직하면서 선행을 상 주고 죄악을 벌하는 올바른 신명[正神]이라고 일컬을 수 있겠소?

사실인즉, 원래 입맛에 탐닉한 어리석은 사람들이, 특별히 신명께 제사지낸다는 명분을 빌어 짐승을 살육하여 자기 뱃속을 채우던 것이, 세월이 흐르면서 서로 습관이 되고 풍속을 이루게 된 것일 따름이오. 커다란 악업을 짓는 줄은 모르고, 신명께 제사 지낸다고 말하지만, 과연 천지신명이 그 피비린내 나는 살육의 희생물을 받아먹겠소?

하물며 명색이 신명이라면, 반드시 총명하고 정직한 덕성을 지니고, 마땅히 사람들이 지은 선악대로 화복을 공평히 내리는 원칙을 지켜야 하지 않겠소? 그런데 가축을 죽여 자기에게 제사 지낸다고, 죄악을 지은 자라도 복을 내려 주고, 반대로 자기에게 희생을 바쳐 제사 지내지 않으면, 선행을 행하는 이에게도 재앙을 내릴 수 있겠소? 만약 그렇다면, 그 신명의 심성과 덕행은 시정(市井) 잡배와 다를 게 뭐가 있겠소? 그런 존재를 어떻게 총명하고 정직한 신명이라고 일컬을 수 있겠소? 총명하고 정직한 신명이라면, 결코 이러한 요괴(妖怪)나 마귀(魔鬼) 같은 짓은 하지 않으며, 오직 도덕(道德)과 인의(仁義)에 따른 일만 행할 것이오.

그런데 세상 사람들은 단지 육식이 좋은 걸로만 여기고, 마침내는 자기가 피비린내 나는 더러운 음식을 탐닉하는 것처럼, 신명 또한 그러할 줄로 잘못 미루어 짐작하는 게요. 그래서 서로 본받아, 아무도 잘못인 줄 모르는 것이오. 비유하자면, 똥 고자리(구더기)가 똥을 먹으면서, 하늘의 신선도 당연히 자기처럼 그렇게 훌륭한 맛을 즐기리라고 착각하고, 늘 그 똥을 신선에게 바쳐 복덕을 내려 주길 바라는 것과 같소.

사실 지금 도살당하는 저 짐승들은, 거의 대부분이 모두 과거 전생에 다른 희생을 잡아 신명께 제사 지내던 자들로, 지금 자기 살을 먹는 사람들이 당시 자기가 저지른 살생의 과보를 갚아 주기만 바라는 처지라오. 그런데도 어리석은 일반 대중은, 아직도 짐승을 잡아 신명께 제사 지낸다는 소문을 들으면, 곧 기뻐 날뛰면서 큰 복덕을 짓는 일로 여기는구료. 장래에 자신들이 이러한 짐승으로 바꾸어 생겨나 사람들에게 도살당할 때는, 이미 입은 있지만 말은 할 수 없고, 죽음을 피하거나 저항할 수 없는 처지가 될 거라는 사실은 모르는 것이오.

하물며 불법(佛法)에 깊숙이 들어가 부처님의 가장 큰 기본 계율을 받아 지니고, 평생토록 채식하기로 결심한 출중

(出衆)한 고매한 사람이, 아무 까닭도 없이 육식을 탐닉한다는 억울한 누명을 써가면서까지, 수없는 생명을 죽여 신명께 제사 바치는 어리석은 짓을 할 수 있겠소? 그러한 짓은 천리(天理)에 어긋나고 성현을 모독하는 패역무도한 죄악으로, 미래 영겁토록 매 생애마다 그렇게 살해당하는 짐승의 과보를 받을 것이니, 어찌 몹시 슬프지 않겠소?

세상 사람들은 질병이 있거나 위험과 재난 등이 있는 경우, 염불로 기도하고 선행을 닦을 생각을 안 하고, 망령되이 귀신에게 제사 지내 도움을 청하려 들기 일쑤요. 그래서 산목숨을 죽이니, 본디 재난을 초래한 업장에, 살생의 죄업을 새로 덧보태는 셈이오. 정말 불쌍하기 짝이 없소.

인간이 살아가면서 만나는 외부 환경의 인연[境緣]은, 대부분 전생의 업장 때문에 말미암는 것이오. 그래서 질병이나 고난이 생기면, 곧 염불과 선행을 닦고 숙세의 죄업을 참회하는 게, 최상의 해결 방편이자 가장 빠른 지름길이라오. 그렇게 하여 업장이 소멸하면, 질병도 낫고 재난도 점차 사라지는 것이오. 귀신들은 자기들도 아직 업장의 바다[業海] 가운데 잠겨 있는 형편인데, 어떻게 사람들의 업장을 소멸시켜 줄 수 있겠소?

설사 막대한 위력을 지닌 정직한 신명[正神]이라 할지라도, 그 위력은 부처나 보살에 비하면, 마치 반딧불을 햇빛에

견주는 것과 같다오. 불제자(佛弟子)로서 부처와 보살께 기도하지 않고 귀신에게 기도하는 일은, 부처의 가르침에도 어긋나는 사견(邪見)이라는 걸 알지 않으면 안 되오.

또 일체의 중생이 모두 과거의 부모이자 미래의 부처들이므로, 이치상 살생을 금하고 방생하며, 모든 중생의 목숨을 아끼고 사랑해야 마땅하오. 세속의 고정 관념과 편견에 따라, 부모에게 진수성찬을 봉양하는 것이 효도라는 생각은, 절대로 품어서는 안 되오. 불법을 들어보지도 못한 일반 속인들이야 육도 윤회와 인과응보의 사리를 모르기 때문에, 부모에게 진수성찬 바치는 것이 효도라는 사견과 망언을 일삼을 수 있고, 또 그 허물을 용서받을 수 있소. 그러나 이미 불법을 들어 이치를 안 사람이, 과거의 부모 친척을 살해하여 현재의 부모를 봉양하거나 장례 또는 제사 지내는 행위는, 단지 효도가 아닐 뿐만 아니라, 곧바로 천리(天理)와 불법에 정면으로 거스르는 패역무도가 된다오.

그래서 통달한 선비와 지혜로운 사람들은, 불법의 진실한 이치를 들으면 깊이 깨달은 바가 있어, 한결같이 세속의 임시 방편적인 절충 법문에 따르려 하지 않는다오. 이러한 임시 방편의 절충 법문은, 아마도 세속 중생의 미혹한 감정에 잠시 따라주는 타협안으로 세워진 것이 분명하며, 삼세의 인과 법칙을 통달하는 여래의 정도(正道)는 결코 아니라오.

세상의 모든 악업 가운데, 살생이 가장 무겁소. 온 천하를 통틀어 살생의 죄업을 전혀 짓지 아니하는 사람은, 아마 씨도 종자도 없을 것이오. 설사 평생토록 산 목숨을 몸소 죽인 적이 결코 없는 사람이라고 할지라도, 매일같이 육식을 하면 곧 매일같이 간접 살생을 하는 거나 마찬가지이기 때문이오. 살생을 하지 않고서는 결코 고기를 얻을 수 없지 않소? 사실 백정(도살업자)이나 사냥꾼이나 어부들은, 모두 육식하는 사람의 수요를 공급하기 위해서 대신 살생을 하는 것에 불과하오.

그러니 육식을 하느냐 채식을 하느냐 문제는, 실로 우리의 성품과 정신이 향상 승화하느냐, 타락 침몰하느냐에 직접 관련되오. 나아가 천하 통치가 태평성대를 이루느냐, 혼란무도에 빠지느냐에도 근본 원인이 된다오. 따라서 이는 결코 사소한 일로 하찮게 여길 수 없소.

요컨대, 자기 목숨을 자중 자애하고 천하 백성을 두루 사랑하여, 모든 사람이 안락하게 건강 장수하며 뜻밖의 재난과 사고를 당하지 않기를 진심으로 바라는 이들은, 마땅히 살생을 끊고 채식을 몸소 실천하며 널리 권장해야 할 것이오. 채식이야말로 천재지변과 사고를 예방하고 줄이는 제일 신묘한 법문이기 때문이오.

모든 중생의 심성과 한 순간 생각은 부처와 다를 바 없고, 또 우리 사람들과도 전혀 다르지 않소. 불행히 전생의 악업으로 축생에 떨어졌으니, 정말 더욱 큰 자비심과 연민의 정을 보여야 하지 않겠소? 아무 것도 모르는 속인들은 오랜 습속에 젖어, 살생으로 육식하는 것을 식도락(食道樂)으로 즐기면서, 도살당하는 짐승들의 고통과 원한이 얼마만한지는 전혀 생각지도 않는구려.

인간은 약육강식을 당연한 자연법칙으로 여기지만, 전쟁이나 난리가 일어나 서로 죽이고 죽으면, 짐승들이 도살당하는 처지와 똑같은 상황이 되지 않겠소? 가령 적군이나 폭도들이 그대의 집을 불사르고 그대의 아내와 딸을 겁탈하며, 그대의 재산을 약탈하고 그대의 목숨까지 죽이는데도, 감히 욕설 한마디 퍼붓지 못하고 꼼짝없이 당하는 것은, 자기 힘이 대적할 수 없기 때문이오. 짐승들이 도살당하는 것도 마찬가지로, 지금 당장 힘으로 대적할 수 없기 때문이라오.

만약 그들이 대적할 힘이 있다면, 틀림없이 당장 사람을 물어뜯고 들이받으며 대항할 것이오. 인간이 자기 입맛과 뱃속을 채우기 위해 살생을 자행하고, 그 죄업으로 말미암아 맺히고 쌓인 짐승들의 원한과 분노가, 인간끼리 서로 총칼을 들이대고 살육하도록 전쟁을 일으키는 직접 원인이라오.

물론 홍수와 가뭄·기근·질병·폭풍·지진·해일 따위의 천재지변도, 모두 그러한 살생 죄업의 여파로 끊임없이 계속 발생하오. 마치 사람들이 명절 때 서로 선물을 주고 받는 것과 같소. 내가 선물을 보내면, 상대방도 답례를 해오는 것이 도리이듯 말이오. 선물이 갔는데 답례가 오지 않거나, 거꾸로 인사가 왔는데 답례를 보내지 않는 법은 결코 없소. 만약 답례가 없다면, 이는 반드시 별다른 인연(사정)이 있어 상쇄하기 때문이며, 알고 보면 정말로 왕래 보답의 예법을 벗어나는 경우는 하나도 없소. 하늘(자연)이 상벌을 내리는 인과응보의 법칙도 이와 똑같거늘, 하물며 인간사회에서 서로 보답하고 보복하는 이치야 그렇지 않겠소?

그래서 『서경[尙書]』에는 "선을 행하면 온갖 상서로움이 내리고, 악을 지으면 온갖 재앙이 내린다."는 말씀이 전해 오고 있소. 또 『주역(周易)』에는 "선행을 쌓은 집안은 반드시 남아도는 경사가 있고, 악을 쌓은 집안은 반드시 남아 넘치는 재앙이 있다."는 가르침이 적혀 있소.

하늘(자연)의 도(天道)는 도는 것(순환)을 좋아하여, 가면 간 만큼 되돌아오기(반복) 마련이오. 나쁜 결과를 받지 않으려면 먼저 나쁜 원인을 끊고, 좋은 결과를 얻으려면 먼저 좋은 원인을 심어야 하오. 이것이 천리(天理)나 인정(人情)에 모두 딱 들어맞는 지극한 법칙이라오.

영명(永明) 선사의
사료간(四料簡)

　　　　　불법의 가장 중요한 문제는, 생
사를 끝마치는 일이오. 생사 해탈 문제는 너무도 큰일이라,
논하기가 몹시 어렵소. 우리 범부들은 근기가 열악하고 지
식도 천박한데다가 오탁악세(五濁惡世)에 삿된 스승과 외도(外
道)들까지 득실거리니, 생사윤회를 도대체 어떻게 벗어날 수
있겠소? 오직 염불 법문밖에 없으니, 진실하게 믿고 간절히
발원하며 염불에 일심으로 정진하여, 서방 정토에 왕생하길
구해야 할 것이오.

　　불법 가운데 방편 법문이 많으며, 참선이나 교리를 공부
해도 모두 생사를 해탈할 수 있는데, 왜 군이 꼭 염불하라고
권하겠소? 왜냐하면, 참선이나 교리 공부는 완전히 자신의
힘에 의지하는데, 염불 법문은 부처님의 원력 가피를 함께
의지하여 훨씬 확실히 보장받기 때문이오.

　　바다를 건너는 일에 비유하자면, 자력에 의지하는 참선

이나 교리 공부는 홀로 헤엄치는 것과 비슷하고, 부처님의 가피력에 의존하는 염불은 큰 여객선을 타는 것과 같소. 몸소 헤엄치다 보면 거센 파도에 휩쓸리거나 기력이 다해 침몰할 염려가 크지만, 큰 여객선을 타면 저편 목적지에 틀림없이 닿게 될 것이오. 이 두 가지의 안전성과 효율성은, 누구나 쉽게 비교할 수 있으리다.

결론을 말하면, 자신의 힘에 의지하는 참선으로 도를 깨닫고 생사윤회를 끝마치기란, 근기가 아주 뛰어난 대가가 아니면 정말 쉽지 않소. 반면 염불로 정토 왕생을 구하는 법문은, 단지 믿음과 발원만 진실하고 간절하며, 수행을 굳게 지속해가면 생사를 벗어날 수 있게 되오.

자력(自力)과 타력(他力)의 관계를 밝히고, 참선과 정토(염불)의 난이도를 비교한 것 중에, 가장 뚜렷하고 가장 알기 쉽게 이야기한 설법은, 영명(永明) 연수(延壽) 대사의 사료간(四料簡: 네 수의 게송, ideal type, 理念型)이 단연 으뜸이오. 그 사료간에 비추어 본다면, 참선과 교리에 밝지 못한 보통 사람들은 정말로 염불하여야 당연하지만, 참선과 교리에 통달한 사람들도 또한 더욱 열심히 염불해야 하오. 제아무리 통달했더라도 아직 증득하지 못했으면, 결국 염불을 해야 생사윤회를 해탈할 수 있는 거라오.

영명 대사는 아미타불의 화신(化身)이신데, 중생을 일깨워 건지기 위하여 대자대비를 베푸셨소. 사료간은 정말로 사바고해를 건너는 자비로운 항공모함[慈航]이며, 대장경의 핵심 요점이자 수행의 귀감이오.

참선 수행도 있고 염불 공덕도 있으면	有禪有淨土
마치 뿔 달린 호랑이 같아,	猶如戴角虎
현세에 뭇 사람들의 스승이 되고	現世爲人師
장래에 부처나 조사가 되리라.	將來作佛祖

참선 수행은 없더라도 염불 공덕이 있으면	無禪有淨土
만 사람이 닦아 만 사람 모두 가나니,	萬修萬人去
단지 아미타불을 가서 뵙기만 한다면	但得見彌陀
어찌 깨닫지 못할까 근심 걱정 하리오?	何愁不開悟?

참선 수행만 있고 염불 공덕이 없으면	有禪無淨土
열 사람 중 아홉은 길에서 자빠지나니,	十八九蹉路
저승[中陰] 경지가 눈앞에 나타나면	陰境若現前
눈 깜짝할 사이 그만 휩쓸려 가버리리.	瞥爾隨他去

참선 수행도 없고 염불 공덕마저 없으면	無禪無淨土
쇠 침대 위에서 구리 기둥 껴안는 격이니,	鐵牀并銅柱

억만 겁이 지나고 천만 생을 거치도록 　　　萬劫與千生

믿고 의지할 사람 몸 하나 얻지 못하리. 　　　沒箇人依怙

　이 사료간의 의미를 분명히 이해하려면, 먼저 무엇이 선(禪)이고 무엇이 정토(염불)이며, 있고 없고가 무슨 뜻인지를 정확히 알아야 하오.

　선(禪)이란 우리들이 본래부터 갖추고 있는 진여불성(眞如佛性)으로, 선종에서는 부모가 낳아 주기 이전의 본래진면목(本來眞面目)이라고 일컫소. 선종에서는 말을 다 갈파하지 않고, 사람들에게 직접 참구하여 스스로 얻도록 유도하기 때문에, 이렇게 표현했을 따름이오. 실제로는 주체[能]도 없고 객체[所]도 없으며, 고요하면서도 밝게 비추는 무념무상의 신령스런 지각[靈知]이자, 순수하고 진실한 마음자리[純眞心體]요.

　정토란 정토삼부경(『아미타경』, 『무량수경』, 『관무량수불경』)의 가르침을 깊이 믿고, '나무 아미타불'의 명호를 지송하여 서방정토에 왕생하기를 간절히 발원하는 법문을 가리키오. 그러나 오직 우리 마음 안에 정토가 있고[唯心淨土], 자기 성품이 바로 아미타불[自性彌陀]이라는 추상 이치에만 치중하는 그런 편협한 의미는 결코 아니오.

　참선(수행)이 있다 함은, 참구하는 힘이 지극하여, 생각이 고요하고 감정이 사라지는 지경에 이르러, 부모에게서 태어나기 이전의 본래진면목을 보는 확철대오를 가리키오. 이른바 명심견성(明心見性)이오. 정토(염불)가 있다 함은, 진실한 보리심을 내어 깊은 믿음과 간절한 서원으로, 흔들림없는 염불 수행을 용맹스럽게 지속해 가는 것을 말하오.

선과 정토는 추상 교리만 언급하는 개념이며, 선이 있고 정토가 있다는 말은 근기에 따른 구체적인 수행 방법을 두고 일컫는 표현이오. 교리로 보면 항상 변함이 없어, 부처님도 덧보탤 수가 없고, 중생도 덜어낼 수가 없소. 하지만 근기에 따른 수행은, 모름지기 교리에 의해 실천을 시작하고, 실천이 지극히 무르익어 교리를 체득함으로써, 그것이 진실로 자기 안에 존재함을 증명하여야 하오.

두 가지는 표현이 서로 비슷한 것 같지만, 실제로는 크게 다르오. 그러므로 적당히 얼버무리지 말고, 자세히 음미하여 그 차이를 느껴야 하오. 가령 참선을 아무리 오래 했더라도 깨닫지 못했거나, 또는 깨달았더라도 철저히 관통(확철대오)하지 못했으면, 참선이 있다고 말할 수 없소. 깨닫기만 하고 증득하지 못하면, 결국 생사윤회를 벗어날 수 없기 때문이오.

"깨달으면 곧 생사가 없다."는 말은, 전문가(대가)의 표현이 아니오. 깨달음이란 마음의 눈을 뜨는 것에 불과하며, 깨달은 뒤에 비로소 진실한 수행과 실제 증험의 길이 펼쳐지게 되오. 깨닫지 못한 자는 눈먼 소경이 길을 가는 것처럼,

맹목적이고 미신적인 수련으로 악마의 구렁텅이에 **빠져들**[走火入魔] 위험이 매우 크오. 그래서 먼저 마음의 눈을 뜨고 깨닫는[開悟] 공부가 수행의 첫걸음으로 매우 요긴한 것이오. (이른바 先悟後修를 뜻한다.)

깨달은 바를 증득하여 대가가 되려면, 불에 기름을 끼얹듯 더욱 용맹스럽게 가행정진(加行精進)해야 되오. 그런데도 세상 사람들은 말라빠진 고목처럼 가만히 앉아 죽은 화두나 들고 있는 것을, 마치 대단한 참선(수행)이 있는 줄로 생각하는구료. 이는 정말 크나큰 착각이고 오해라오.

또 염불도 추상적인 유심정토(唯心淨土)와 관념적인 자성미타(自性彌陀)에 편협하게 집착하여 믿음과 발원이 없거나, 혹간 믿음과 발원이 있더라도 진실하지도 간절하지도 않으면서 유유자적하니 그저 입으로 공염불하거나, 또는 열심히 정진하더라도 마음이 세속에 미련을 못 버리고, 내생에 부귀한 집안에 태어나거나 천상에 올라가 온갖 복덕과 쾌락을 누릴 생각이나 하든지, 아니면 내생에 스님으로 출가하여 하나를 들으면 천 가지를 깨닫고 대지혜를 얻어, 불도와 정법을 크게 펼침으로써 중생들을 두루 이롭게 하기나 바란다면, 이들도 마찬가지로 정토가 있다고 말할 수 없소.

사료간 중 첫째 '참선도 있고 정토(염불)도 있다'함은, 공부가 이미 확철대오하여 마음을 밝히고 성품을 보는[明心見

性] 경지에 이른 뒤, 더욱 진실한 믿음과 간절한 발원으로 서방 정토에 왕생하길 바라는 수행을 일컫소. 참선으로 깨달은 뒤 경장(經藏)의 가르침에 깊숙이 들어가 여래의 권실법문(權實法門)을 두루 통달하고, 다시 그 중에 믿음과 발원으로 염불하는 정토 수행만이, 자기와 타인을 동시에 두루 이롭게 할 확실하고 안전한 대도 정법임을 깨달은 자가, 여기에 해당하오.

확철대오하여 용맹스런 힘이 호랑이 같은데, 다시 염불로 생사 해탈을 장악하게 되면, 호랑이에 뿔이 달린 격 아니겠소? 대승 경전을 독송하여 제일의미[第一義]를 이해한 뒤, 대지혜와 유창한 말재주[大辯才]를 겸비하여 악마와 외도가 그의 이름을 듣기만 하여도 간담이 서늘해진다면, 그 용맹과 위력은 견줄 바가 없을 것이오.

또 자기가 깨닫고 수행하는 바를 가지고 중생을 교화하여 마음의 눈을 틔워 주되, 사람들의 근기와 인연에 따라 설법하면서, 참선과 염불을 함께 닦아도 좋을 사람은 선정쌍수(禪淨雙修)로 인도하고, 오로지 염불 수행에 전념해야 할 사람은 정토전수(淨土專修)로 이끌어, 근기의 상중하를 막론하고 어느 누구라도 그 도덕 감화의 혜택을 입지 않는 이가 없게 될 것이오. 그래서 인간과 아니라 천상 세계의 위대한 사범(師範)이 된다오.

명심 견성한 사람이 염불로 정토왕생을 구하면, 임종 때 9품 연화 가운데 최상품으로 화생(化生)한다오. 눈 깜박할 사이에 연꽃이 피면서 아미타불을 친견하고 금방 무생법인(無生法忍)을 증득하거나, 최소한 원교(圓敎)의 초주(初住) 지위에 올라, 일백 부처 세계에 부처의 분신(分身)을 나토어 인연과 근기에 따라 중생을 교화 제도하게 되나니, 바로 장래의 부처나 조사가 된다는 뜻이오.

그러면 둘째 게송의 의미는 저절로 분명해질 것이오. 아직 확철대오하지 못하여 자기의 힘으로는 생사 해탈의 가망이 거의 없음을 깨닫고, 아미타불께서 와서 맞이해 주시도록 발원하면서 정토 법문을 수행하는 사람을 가리키오. 아미타불께서 과거 법장(法藏) 비구로 수행할 때 48대서원을 발하여, 어머니가 자식을 그리워하듯 모든 중생을 받아들이겠다고 다짐한 약속을 굳게 믿고, 자식이 어머니를 그리워하듯 지성으로 부처님을 생각[念佛]하면, 감동과 호응의 길이 서로 통하여[感應道交] 마침내 극락정토에 왕생하게 되는 것이라오.

선정과 지혜를 함께 깊이 닦은 이가 왕생할 수 있음은 물론이오. 하지만 십악(十惡)의 죄를 저지른 패역무도의 중생이라도, 임종 때 막심한 괴로움에 못 이겨 큰 참회심을 통절(痛切)히 일으키고 아미타불 명호를 간절히 염송하면, 설령 열 번이나 아니 단 한 번만 부르고 숨이 끊어지더라도, 부처님 화신의 인도를 받아 정토에 왕생할 수 있다오. 단지 굳게 믿고 간절히 발원하며 진실하게 염불 수행을 하기만 하면, 누구라도 극락왕생할 수 있기에, 만 명이 닦으면 만 사람 모두 정토에 간다고 한 것이라오.

그렇지만 임종 때 염불 몇 번으로 왕생할 수 있다는 말은, 그 마음이 지극히 간절하고 맹렬하기 때문에 그처럼 막대한 이익을 얻는다는 뜻임을 알아야 하오. 그저 유유자적하니 염불의 횟수나 기간만 따지면서 미지근하게 수행하는 사람은, 왕생할 가망이 별로 없음을 명심하시오. 이러한 이치를 모르고, 염불로 단지 부귀공명을 구하거나 천상에 나기만 바라는 사람은, 정토가 결코 없소. 왕생하지 못하는 자는, 오직 자신이 발원하지 않은 것을 탓해야지, 행여 자비로운 아버지 아미타불께서 와서 맞이해 주지 않으심을 원망해서는 안 되오. 요컨대, 발원만 하면 누구나 갈 수 있는 곳이 극락정토라오.

일단 왕생하기만 하면, 아미타불을 친견하고 미묘한 설법을 들어, 단박에 불퇴전(不退轉 阿鞞跋致)의 지위를 증득하게 되오. 비록 빠르고 더딘 차이는 있을지라도, 이미 성인의 경지에 올라 영원토록 뒤로 물러나는 법이 없으며, 근기와 성품에 따라 혹은 단박에 혹은 점차로 모든 과위(果位)를 증득하게 되오. 그래서 '단지 아미타불만 뵈오면 어찌 깨닫지 못할까 걱정하겠느냐'고 반문한 것이오.

셋째 게송은, 비록 참선으로 확철 대오하고 명심 견성한 사람일지라도, 보고 생각하는[見思] 번뇌를 끊어 버리기 쉽지 않음을 경고하고 있소. 두 번뇌는 인연 따라 꾸준히 단련하면서 남김없이 말끔히 제거해 버려야 비로소 생사윤회를 벗어날 수 있소. 조금이라도 덜 끊은 경우는 말할 것도 없고, 터럭 끝만큼이라도 남아 말끔하지 못하면, 여전히 육도 윤회를 피하기 어렵소. 생사의 바다는 깊고 험하며, 깨달음의 길[菩提路]은 멀기만 한데, 아직 고향집에 돌아가기도 전에 이 목숨 다하면 어떻게 되겠소. 확철대오한 사람도 열 가운데 아홉은 이 모양이라오.

차로(蹉路)란, 길 가던 중에 발을 헛디뎌 넘어지거나, 망설임 또는 허송세월로 시기를 놓친다는 뜻이오. 보통 차타[蹉跎]라 하고, 세간에서는 담각(擔閣)이라고 부른다오.

또 음경(陰境)이란, 중음신의 경계[中陰身境]인데, 임종 때 금생 및 과거 역대 전생의 모든 선악 업력(業力)이 한꺼번에 나타나는 장면을 뜻하오. 이 경계가 한번 나타나면, 눈 깜박할 사이에 그 중 가장 맹렬한 선악의 업력에 이끌려가, 그에 상응하는 생명을 받는다오. 마치 채무자가 파산한 경우, 빚쟁이들이 몰려들어 채권액이 가장 많은 사람이 큰소리치는 것과 같소. 가장 강렬한 업력이 먼저 끌어당기면, 자신은 마음속에 만 갈래 생각의 실마리가 엉클어지면서도, 조금도 주인 노릇을 못하고 무거운 쪽으로 휩쓸려 떨어지게 되오. 오조(五祖) 사계(師戒) 선사가 소동파(蘇東坡)로 태어나고, 초당(草堂) 선청(善淸) 선사가 노공(魯公)으로 환생한 것은 바로 그 때문이오.

음(陰)은 소리와 뜻이 음(蔭)과 같아, 뒤덮는다는 의미라오. 업력이 진여 불성(眞性)을 뒤덮어 제 모습을 발휘하지 못하게 막음을 뜻하오. 더러 차(蹉)가 길을 헷갈려 잘못 든다는 착로(錯路)이고, 음경(陰境)이 오음 마경(五陰魔境: 오음이 중생의 불성을 해칠 수 있기에 악마로 비유한 말)이라고 잘못 생각하는 사람도 있소. 이는 선(禪)과 있다[有]는 문자의 의미를 몰라서 오해하는 헛소리요.

확철대오한 선사가, 어찌 열 명 중 아홉이나 길을 잘못 들고, 오음 마경에 홀려 주화입마로 미쳐 날뛰겠소? 교리도 모르고 자기 마음도 밝히지 못한 채 맹목적으로 수련하는, 증상만(增上慢)에 걸린 사람이나 미쳐 날뛰는 것이지, 어찌 확철대오한 수행자에게까지 그 악명을 덮어씌운단 말이오. 너무 중대한 문제라 밝히지 않을 수 없소. 다만 아직 자신을 안정시키고 운명을 수립[安身立命]하는 진실한 경지까지 이르지 못해, 생사의 중요한 갈림길에서 확실하게 스스로 주인 노릇하지 못할까 염려하는 것뿐이라오.

그러니 어찌 두렵고 무섭지 않겠소? 정말로 아미타불의 영접을 받아 극락왕생하는 염불 법문이, 가장 안심하고 확실하게 믿을 수 있는 탄탄대로라오.

마지막 넷째 게송은, 수행을 모르는 일반인들이 명심 견성의 참선 공부도 안 하고, 염불로 극락왕생하려는 발원도 없이, 그저 죄악을 짓는 데만 골몰하여, 그 업보를 피하지 못하고 지옥에 떨어질까 염려하는 경고인 셈이오.

법문이야 수없이 많지만, 오직 참선과 정토(염불)만이 가장 근기에 합당한 길이오. 깨닫지도 못하고 왕생을 발원하지도 않은 채, 다른 법문이나 그럭저럭 배우다 보면, 선정과 지혜를 고르게 닦아 미혹을 끊고 진리를 증득할 수 없을 뿐만 아니라, 부처님의 자비 가피력으로 업장을 짊어진 채 극락왕생하는 길도 열리지 않게 되오.

고작해야 평생 수행한 공덕으로 내생에 천상의 복록이나 누릴 것이오. 금생에 올바른 지혜[正智]가 없으니, 내생에 복덕을 받는다고 하더라도, 오욕(五欲)의 향락에 탐닉하여 널리 악업만 지을 게 분명하오.

일단 악업을 지으면 죄악의 보답을 피할 수 없고, 날숨 한 번 안 들어오면 곧 지옥에 떨어져, 쇠 침대 위에 구리 기둥이나 껴안고, 억겁이 지나도록 빛과 소리와 맛 등에 탐착하여 생명을 살상한 죄악 등을 갚아야 할 것이오. 그 때는 모든 부처님과 보살님이 대자대비를 몸소 베푸시더라도, 죄악의 업장 때문에 그 가피를 받을 수가 없소.

옛날부터 "수행하는 사람이 올바른 신앙으로 서방 정토에 왕생하길 발원하지 않으면서, 널리 많은 선행이나 닦는 것은, 제3세의 원한[第三世怨]이라고 부른다."고 하였소. 금생의 수행으로 내생[第二世]에 복을 누리면서, 복으로 말미암아 죄악을 짓고, 그 다음 생에 타락하여 과보를 받을 것이니 말이오. 쾌락을 내생에 잠시 얻으면, 고통은 영겁토록 물려받소. 설령 지옥의 죄업이 소멸하더라도, 다시 아귀와 축생에 생겨나, 사람 몸 회복하기가 정말 어렵고도 또 어렵게 되오.

그래서 부처님께서 손으로 흙 한 줌 집어 들고 아난에게 물으셨소.

"내 손의 흙이 많으냐? 대지의 흙이 많으냐?"

아난이 당연히 "대지의 흙이 훨씬 많습니다."고 대답했소.

그러자 부처님께서 이렇게 비유하셨소.

"사람 몸 얻기란 내 손의 흙과 같고, 사람 몸 잃기란 대지의 흙과 같으니라."

"억만 겁이 지나고 천만 생을 거치도록 믿고 의지할 사람 몸 하나 얻지 못하리."라는 말은, 게송의 형식에 맞추느라 아주 간단히 축약한 표현이오. 그래서 넷째 게송을 읽고

나면, 마음이 놀라고 정신이 번쩍 들지 않을 수 없소. 모두 생사고해를 깨닫고 보리심을 내어, 정토(염불) 수행이 없는 사람은 재빨리 발원 수행으로 정토를 있게 하고, 정토가 있는 사람은 용맹 정진하여 결정코 극락왕생하길 구하는 것이 요긴하고 또 요긴하오.

다른 모든 법문은 오로지 자력에 의존하여, 미혹의 업장이 깨끗이 사라져야 생사를 끝낼 수 있는데, 정토 법문은 오로지 부처님의 가피력에 의지하여, 업장을 짊어진 채 극락왕생하여 성인의 경지에 합류할 수 있소. 모두들 한번 생각해 보시오. 자력에 의지해 수행한다는데, 도대체 자기에게 무슨 힘이 있단 말이오? 단지 시작도 없는[無始] 때부터 쌓아온 업력밖에 무엇이 있소? 그래서 억만 겁이 지나고 천만 생을 거치도록 해탈하기 어려운 것 아니오?

아미타불의 크고 넓은 서원력에 의지하면, 저절로 일생에 모든 것을 끝마치게 되오. 사람 몸 받기 어렵고, 부처님 법문 듣기 더욱 어려운데, 이미 보배의 산에 들어 왔다가, 그냥 빈손으로 돌아간단 말이오?

또 반드시 알아야 할 게 있소. 염불 법문이 단지 하근기의 중생에게만 적합한 게 아니라, 상중하 세 근기의 모든 중생에게 두루 통한다는 점이오. 최상의 지혜나 최하의 어리석음이나, 근기의 우열을 가리지 않고 부처와 똑같은 깨달음을 얻은 보살[等覺菩薩]에 이르기까지, 모두 이 법문으로 일생에 생사를 끝마칠 수가 있는 것이오.

그래서 『화엄경』에 보면, 선재동자(善財童子)가 50여 대선지식을 두루 참방(參訪)하여 무량 다라니문(陀羅尼門)에 들어선 뒤, 맨 마지막으로 보현보살이 십대원왕(十大願王)으로 극락에 돌아가도록 인도하셨소. 이걸 보아도 정토 법문이 정말로 가장 고상하고 가장 원만한 법문임을 알 수 있소. 만약염불이 어리석은 아저씨, 아주머니나 하는 것이고, 궁극의법문이 아니라고 말한다면, 이는 정말로 부처와 불법을 비방하는 지옥의 종자라오. 그런 자들의 어리석음과 미친 기와 타락 운명은 너무도 가련하고 불쌍하오.

정토 법문이 이처럼 고상하고 원만한 까닭은, 자력에만의지하는 다른 모든 법문과는 달리, 부처님의 가피력을 함께 겸비하기 때문이오. 이는 보통의 교리가 아니라, 아주 특별한 교리라오. 보통의 눈으로 특별한 교리를 보면, 당연히제대로 판단 평가할 수 없다오. 자력에 의지하는 보통 법문이 관직에서 단계대로 승진하는 것이라면, 부처님의 힘에의지하는 특별교리인 정토 법문은 왕실에 태어나면서부터태자가 되는 것에 비유할 수 있소.

그러나 정토 수행에 특별하거나 기이한 것은 전혀 없소.단지 간절한 마음으로 부처님께 구하면 저절로 가피를 입게 되오. 부처님이 중생을 보호하고 생각[護念]하는 것은, 부모가 자식 사랑하는 것보다 훨씬 크고 강함을 알아야 하오. 그래서 지성으로 감동시키면, 반드시 가피력의 응답이 있는 것이오.

그리고 우리가 본디 지니고 있는 천진불성(天眞佛性)은, 태고부터 지금까지 천지 우주를 두루 비추고 있소. 비록 악역무도(惡逆無道)한 죄인이라도, 그의 본성이 지닌 신령스런 광명은 조금도 줄어들지 않소. 다만 맑은 거울이 먼지에 뒤덮여 있는 것과 같소. 어리석은 사람들은 광명이 없어 비추지 않는다고만 투덜거리고, 먼지를 닦아내면 금방 광명이 다시 나타날 줄은 모르는 것이오.

그래서 아미타불을 염송하는 것은, 부처님 생각에 의지해 잡념 망상을 쫓아내는 일이며, 마음의 거울에 낀 먼지를 닦아내는 가장 좋은 방법이오. 염불을 하다 보면, 자기 마음에 본래 갖추어진 신령스런 광명(靈光)이 아미타불 광명의 끌어당김을 받아 점차 환하게 드러나게 되오. 자력과 타력이 서로 호응[自他相應]하여 감응의 길이 열리게 되니[感應道交], 극락왕생의 미묘한 뜻을 어찌 말로 다 표현할 수 있겠소? 염불하는 사람은 단지 지성으로 간절하게 늘 부처님의 마음을 품고, 부처님의 행동을 행하기만 하면 되오. 공경을 다한 만큼 이익을 얻고, 정성을 보인 만큼 받아쓰기[受用] 마련이오. 모두 힘써 수행하기 바라오.

말법의 시대에 태어난 우리 중생은 근기가 형편없고 업장은 막중한데, 이끌어 줄 선지식조차 매우 드무니, 만약 정토 염불을 저버린다면 해탈할 길이 없게 되오. 영명 선사께서 세상 사람들이 이러한 사실조차 모르는 것을 염려하여, 특별히 사료간으로 후세인들을 일깨우고 계시니, 이는 정말로 나루터를 잃은 길손에게 더없이 보배로운 뗏목이며, 험난한 길을 안내하는 스승이 틀림없소. 그런데 애석하게도 온 세상 사람들이 이 글을 보고도 수박 겉핥기식으로 지나쳐 버리고, 깊이 궁리하거나 음미조차 하지 않으니, 이는 중생들의 사악한 업장이 가로막는 탓이오.

　　정토 염불 법문을 수행함에는, 마땅히 믿음과 발원과 실행[信願行]을 으뜸으로 삼아야 하오. 믿음이란 부처님 힘[佛力]을 독실하게 믿는 걸 뜻하오. 아미타여래께서 원인 자리[因地]에 계실 때 48대서원을 발하여, 매 서원마다 중생을 제도하기로 다짐하셨소. 그 가운데 "나의 명호를 염송하고도 나의 국토에 생겨나지 못하는 중생이 있다면, 나는 결코 부처가 되지 않겠다."는 서원이 있소. 이제 그 원인 수행이 원만하여 그 과보로 아미타불이 되셨으니, 우리가 지금 아미타불을 염송한다면, 반드시 극락정토에 왕생할 수 있소.

　　다음으로 부처님께서 자비력으로 중생을 받아들이는 것이, 마치 자비로운 어머니가 자식을 생각하는 것과 같음을 믿어야 하오. 자식이 어머니만 그리워한다면, 어머니는 늘 자식을 생각하고 있기 때문에, 반드시 그 품안에 받아들일 것이오.

그 다음으로 정토 법문을 믿어야 하오. 영명 선사께서 사료간에서 말씀하신 것처럼, 정토법문과 다른 법문이 그 크기나 난이도 및 이해득실에서 얼마만큼 차이 나는지 분명히 알고, 비록 다른 스승들이 다른 법문을 몹시 칭찬한다고 할지라도 동요하지 말며, 설령 여러 부처님들이 눈앞에 나타나서 다른 법문을 닦으라고 권하신다 할지라도 이끌려가지 않아야만, 비로소 진정한 믿음이라고 할 수 있소.

서원이란 바로 이 생애에 틀림없이 서방 정토에 왕생하고, 이 혼탁한 사바세계에서 더 이상 여러 생을 수행하지 않겠다고 다짐하는 것이오. 머리(목숨)가 나왔다 들어가길 반복하면 할수록, 미혹에 빠져 들기 쉽기 때문이오. 아울러 서방 정토에 왕생한 뒤 다시 사바 고해에 되돌아 나와, 모든 중생을 제도하여 해탈시키겠다는 발원도 함께 가져야 하오.

실행[行]이란 가르침에 따라 진실하게 행동해 나가는 것이오. 『능엄경(楞嚴經)』의 대세지보살(大勢至菩薩) 염불삼매장(念佛三昧章)에 보면, "육근(六根: 눈 · 귀 · 코 · 혀 · 몸 · 뜻)을 모두 추슬러 깨끗한 생각이 끊임없이 이어져 삼매(선정)를 얻으면, 이것이 바로 제일입니다[都攝六根, 淨念相繼, 得三摩地, 斯爲第一.]."라는 말씀이 나온다오. 여기 보면, 염불 법문은 마땅히 육근을 모두 추슬러야 함이 잘 나타나오. 육근을 모두 추스르기 전에, 특히 두세 근만 우선 추스를 필요가 있소. 그 두세 근이란 바로 귀[耳]와 입[口]과 마음[心]을 가리키오. '나무 아미타불(南無阿彌陀佛)' 여섯 글자 한 구절을 매 구절 매 글자마다 입안에서 또렷또렷[明明白白] 염송하면서, 마음속으로도 또렷또렷 염송하고, 그 염송 소리를 귓속에서도 또렷또렷 듣는 것이오. 조금이라도 또렷하지 않은 데가 있다면, 이는 곧 진실하고 간절한 염불이 못 되며, 잡념망상이 비집고 생겨나는 틈을 주게 되오. 단지 입으로 염송만 하고 귀로 듣지 않으면, 잡념 망상이 생기기 쉽다오.

그래서 염불은 매 구절 매 글자마다 또렷하고 분명해야 하며, (의미나 논리를 따지는) 사색을 해서는 안 되오. 그 밖에 간경(看經: 독경) 또한 마찬가지라오. 절대로 경전을 보면서, 다른 한편으로 분별하지 마시오. 분별하면 감정과 생각만 많아질 뿐, 얻는 게 적어지기 때문이오.

옛날에 어떤 사람이 지성으로 경전을 베껴 쓰는데[寫經], 얼마나 일심(一心)으로 전념(專念)했던지, 오직 베껴 쓰는 데만 정신이 팔려 다른 감정이나 생각이 전혀 없었다오. 그래서 하늘이 이미 어두컴컴해졌는데도 어두운 줄 모르고, 여전히 쉬지 않고 계속 베껴 쓰고 있었소. 그런데 갑자기 어떤 사람이 옆에 와서, "날이 이렇게 어두컴컴해졌는데 (불도 쓰지 않고) 어떻게 경전을 베껴 쓸 수 있습니까?"라고 놀라 물었다오. 그러자 경전을 쓰던 사람은 그만 감정 생각이 생기면서, 더 이상 쓸 수 없게 되었소.

무릇 밝고 어둡다는 분별은, 중생들의 허망한 견해[妄見]이자, 속된 감정이오. 그래서 일심으로 전념할 때는 망상과 감정이 모두 텅 비어 버려, 오직 경전 베껴 쓰는 것만 알고 날이 어두워진 줄은 몰랐던 것이오. 또 날이 어두워지면 빛이 없어 글씨를 쓸 수 없다는 사실조차 몰랐던 거라오. 그러다가 남이 옆에서 끄집어 흔들면서, 그만 무명(無明)이 생겨나고 감정 생각이 갈라졌소. 망상이 움직이자 광명과 암흑이 즉각 판연히 갈라지고 더 이상 경전을 쓸 수 없게 된 거라오.

그래서 수행 공부의 길은 정말로 오롯하게 추스름[專攝]에 있소. 감정 생각이 일지 않아 무념무상하다면, 어디에 사견(邪見)이 있겠소. 사견이 없다면, 그것이 바로 올바른 지혜[正智]라오.

(옮긴이 보충해설: 유가의 『서경(書經)』에는, 요(堯)·순(舜) 임금 때부터 전수해 온 도맥(道脈)으로 알려진 16자 심법(心法)이 실려 있다. "사람 마음 오직 위태롭고 진리 마음 오직 미약하니, 오직 정성스럽고 오직 일념으로 중용의 도를 진실하게 붙잡아라.[人心惟危, 道心惟微, 惟精惟一, 允執厥中.]"

우리 속담에는 "정신을 한 군데 집중하면 무슨 일인들 이루지 못하리오?[精神一到, 何事不成?]"라는 말이 있고, 중국에는 "정성이 미치는 곳에는 쇠와 돌도 열린다.[精誠所致, 金石爲開.]"는 속담도 있다. 모두 『아미타경』에서 말하는 '일심불란(一心不亂)'의 염불 경지와 같은 도의 본질 속성이다.)

그리고 정토 염불을 수행하는 사람은 마땅히 인과응보를 크게 제창하여야겠소. 최상의 지혜를 갖춘 사람이야 본디 윤리강상(倫理綱常)에 근본을 두고 있기 때문에, 해야 할 것과 하지 말아야 할 것을 분명히 알고 있소. 그러나 중하근기의 중생에게는 인과응보의 법칙을 상세히 설명해 주고, 구체 사례도 뚜렷한 증거로 소개해 줄 필요가 있소. 그렇지 않으면 어떻게 그들의 몸과 마음을 단속하고 행실을 경계시킬 수 있겠소? (옮긴이: 유형의 국가 정치에서 법령과 형벌을 제정하여 시행하는 이치도 이와 똑같으며, 무형의 종교 도덕상 인과응보 법칙과 서로 표리 관계로 일체(一體)를 이룬다.)

그래서 인과응보는 진리[道]에 들어가는 첫 관문이오. 사실 인과응보의 법칙을 독실하게 믿는 일도 결코 쉽지 않소. 소승의 초과(初果: 수다원)와 대승의 초지(初地)에 이르러서야, 진실로 인과응보를 독실하게 믿을 수 있다오. 그 아래 중생들은 한번 마음에 거슬리는 인연을 만나면, 살생이나 도적질·간음·거짓말 등의 죄를 저지르지 않는다고 보장할 수가 없소. 미혹이 일어나면 언제든지 악업이 뒤따라 지어질 위험이 크다오.

그런데 총명하고 글공부깨나 했다는 사람들은 인과응보를 오히려 경시하고, 마치 중하근기의 어리석은 중생에게나 알려주는 것으로 여기고 있소. 그 뜻만 대강 알아서는 믿는다고 말할 수 없거니와, 설령 잘 안다고 할지라도 이를 몸소 실천할 수 없으면, 이것 역시 진정한 믿음이라고 할 수 없다는 걸 모르기 때문이오.

오직 초과(初果)와 초지(初地)에 올라 성인(聖人)의 부류에 끼어야만, 미래의 생사윤회를 받지 않을 수 있고, 그렇게 해서 빛·소리·냄새·맛·느낌·생각에 들지 않는 사람이라야, 비로소 독실한 믿음이라고 일컬을 수 있소.

그래서 몽동(夢東, 徹悟) 선사께서도, "심성(心性)을 말하기 좋아하는 사람은 결코 인과를 버리거나 떠나지 않으며, 인과를 깊이 믿는 사람은 마침내 반드시 심성을 크게 밝힐 것이다."라고 말씀하셨소.

세상에 염불한다는 사람이 그렇게 많은데도, 정말로 생사윤회를 끝마치는 사람은 왜 그리 적은지 한번 생각해 보시오. 이는 오직 염불하는 사람들이 깊은 믿음과 간절한 발원이 없거나, 내세에 부귀공명을 누릴 복덕의 과보만 구하기 때문이오. 내세의 부귀공명이란 게, 하늘을 향해 쏘아 올린 화살과 같아서, 추진력이 다하면 되돌아 자기에게 떨어질 것이라는 사실을 모르는 것이오.

금생에 염불하는 사람이 내세의 인간이나 천상의 복록을 구한다면, 그 복록으로 부귀공명을 얻겠지만, 올바른 지혜가 없기 때문에 어리석게도 인과응보를 믿지 아니할 것이오. 인과응보를 믿지 않는 사람이 부귀공명의 지위에 올라앉으면, 마치 사나운 호랑이에게 날개를 달아준 격이 되어, 죄악만 더욱 증대시키게 될 것이오. 그래서 복록이 클수록 죄악도 더욱 많이 지어, 그로 말미암아 다음 생에 막대한 과보를 받을 것이니, 이것이 바로 제3세의 원한[第三世怨]이라는 것이오.

그러므로 염불 수행하는 사람은, 복록을 보답받을 생각일랑 절대로 마음에 품어서는 안 되오. 오직 용맹스럽고 날카롭게 앞으로 곧장 나아가 서방 정토에 왕생하는 것만이, 생사윤회를 해탈하는 미묘한 법문으로 믿어야 하오. 그래서 철오(徹悟: 夢東) 선사께서 일찍이 "정말로 생사를 위해 보리심을 내고, 깊은 믿음과 발원으로 부처님 명호를 지송하라[眞爲生死, 發菩提心, 以深信願, 持佛名號]."고 가르치셨소. 이 16글자는 정말로 염불 법문의 큰 강령(綱領)이자, 종지(宗旨)라오.

또 "아미타불 한 구절은 우리 부처님 마음의 요체이니, 세로로는 다섯 시기[五時: 부처님의 다섯 설법 시기인데, 보통 천태종에서 화엄·녹야원(소승 아함경)·방등(方等: 유마경·승만경 등 대승경전)·반야·법화 열반으로 나누는 견해가 대표적이다.]를 관통하고, 가로로는 여덟 가르침[八敎: 三藏敎·通敎·別敎·圓敎의 네 化法과 頓敎·漸敎·秘密敎·不定敎의 네 化儀를 합쳐 부르는 천태종의 개념]을 포괄하네[一句彌陀, 我佛心要, 竪徹五時, 橫該八敎]."라고 찬탄하셨소.

정말로 '나무 아미타불' 한 구절은 헤아릴 수 없이 미묘하오. 오직 부처님과 부처님만이 그 궁극 경지를 알 수 있으며, 부처님과 똑같은 깨달음을 얻은[等覺] 보살조차 다 알지 못하는 게 있다오. 그래서 보살도 조금밖에 모른다[菩薩少分知]고 말하는데, 하물며 우리 범부들이야 더욱 더 믿고 실행해 나갈 일이오.

참선과
염불의 관계

              참선과 정토(염불)는 근본 이치상
으로는 둘이 아니지만, 구체적인 수행현실을 따지자면 하늘
과 땅 차이가 난다오. 참선은 확철 대오하고 완전히 증득(證
得)하지 아니하면, 생사윤회를 벗어날 수 없소. 그래서 일찍
이 위산(潙山) 선사[1]도 이렇게 말씀하셨소.

---

1 위산(潙山) 선사: 본명은 영우(靈祐). 당나라 대종(代宗) 때 복주(福州) 장계
(長谿)에서 태어나 15세에 출가, 항주(杭州) 용흥사(龍興寺)에서 대소승 불
교를 공부하고, 23세에 강서(江西)의 백장회해(百丈懷海) 선사 아래에서 심
법(心法)을 참구한 뒤, 담주(潭州) 위산(潙山)으로 가서 불법을 전하다가,
무종(武宗: 840~846년 재위)의 훼불(毀佛) 사태가 혹심해지자, 머리를 기
르고 민간에 은둔함. 선종(宣宗: 846~859 재위. 연호는 大中)이 즉위하면서
배휴(裴休)가 선사께 위산으로 복귀하도록 청하였고, 이경양(李景讓)이 주
청하여 동경사(同慶寺)라는 편액을 하사받아 불법을 중흥시킴. 대중(大中)
7년(853) 83세의 나이로 입적할 때까지, 40여 년간 선교(禪敎)를 함께 펼쳤
으며, 대원(大圓) 선사라는 시호를 하사받음. 그의 법맥을 이은 제자 앙산
(仰山) 선사(이름은 慧寂)와 함께 위앙종(潙仰宗)이라는 선종의 중요 유파
(流派)를 이루었음. 위산경책(潙山警策)이 여러 주석본으로 전해짐.

"돈오(頓悟)의 올바른 인연을 만나야만 비로소 홍진을 벗어나는 점진적인 계단에 들어서며, 매 생애마다 퇴보하지 않는다면 부처의 단계도 틀림없이 기약할 수 있다."

"처음에 마음이 인연에 따라 어느 순간 자성(自性)을 단박 깨달을 수 있지만, 시작도 없는 오랜 옛날부터 쌓여온 업습(業習)의 기운은 그렇게 단박에 모두 사라질 수 없다. 그 업습이 의식에 나타나는 것을 말끔히 제거하여야만, 비로소 생사를 벗어날 수 있게 된다."

이는 마치 사람이 밥을 먹을 때 첫 술에 배부를 수 없는 것과 같은 이치라오. 천하의 선지식들이 열반의 경지를 증득하지 못하는 것도, 그 공덕이 성인과 가지런하지 못하기 때문이오. 그래서 오조(五祖) 사계(師戒) 선사는 소동파(蘇東坡)로 태어나고, 초당(草堂) 선청(善淸) 선사는 노공(魯公)으로 다시 출생한 거라오. 예로부터 확철대오하고서도 완전히 증득하지 못한 대종사(大宗師)들이 이처럼 수없이 많소.

이는 정말로 오직 자력(自力)에만 의지하고, 부처님의 자비 가피를 구하지 않은 탓이오. 미혹이나 업장이 말끔히 사라지지 못하고 조금이라도 남아 있는 한, 결코 생사윤회를 벗어날 수 없기 때문이라오.

반면 정토 염불은 믿음과 발원과 수행[信願行]의 삼요소만 갖추면, 업장을 짊어진 채 극락정토에 왕생할 수 있으며, 한

번 왕생하면 생사윤회를 영원히 벗어나게 되오. 이미 깨달아 증득한 사람은 곧장 부처의 후보 자리[補處]에 오르게 되고, 아직 깨닫지 못한 중생이라고 할지라도 불퇴전(不退轉·아비발치)의 경지를 증득하게 되오.

그래서 연화장(蓮華藏) 세계의 모든 중생들이 한결같이 극락정토에 왕생하기를 발원하며, 선종과 교종의 수많은 선지식들이 나란히 서방 정토에 왕생하는 거라오. 이는 부처님의 자비 가피력에 완전히 의지하여 자신의 간절한 믿음과 발원을 행하기 때문에, 쌍방의 마음이 서로 교류하여 빨리 정각(正覺)을 이루는 감응이 나타나는 것이오.

지금 같은 세상에서는 참선보다는 정토 염불 수행에 전념하는 것이 마땅한 방법이오. 한 티끌도 물들지 아니한 마음 가운데서, 만 가지 공덕을 두루 갖춘 위대하고 거룩한 나무 아미타불의 명호(名號)를 지송(持誦)하는 것이오.

더러 소리 내어 염송하기도 하고, 더러 소리 없이 조용히 암송하기도 하되, 끊어짐이나 잡념 망상이 없도록 하오. 반드시 생각[念]이 마음에서 일어나, 소리가 자기 귀로 들어가면서 한 글자 한 글자가 또렷또렷 살아 있고, 한 구절 한 구절이 흐트러지지 않도록 염송해야 하오.

이렇게 염불을 오래 계속하다 보면 저절로 한 덩어리가 되어, 염불삼매(念佛三昧)를 몸소 증험(證驗)하고 서방 정토의 풍취를 스스로 알게 될 것이오. 그래서 대세지보살이 육근 (六根: 눈·귀·코·혀·몸·생각)을 모두 추슬러 청정한 생각을 끊임없이 이어가는 수행을, 삼매에 이르는 최상의 원통(圓通) 법문으로 삼은 것이오. 정토 염불로 곧장 선정(禪定)에 드는 방편이, 이보다 더 묘한 게 또 어디 있겠소?

참선 수행을 하는 사람들은 오직 자신의 힘[自力]에만 의지하고, 부처님의 가피력을 구하지 않소. 그래서 공부에 힘이 붙어 진짜와 가짜가 서로 뒤섞여 공격해 올 때, 여러 가지 경계(境界)가 번쩍 나타났다가 번쩍 사라지면, 갈피를 잡지 못하고 흔들리기 쉽소. 그러한 경계들은, 마치 잔뜩 흐리고 비 오던 날씨가 장차 개려고 할 때, 두터운 구름장이 터지면서 문득 햇빛이 눈부시게 비치다가 눈 깜박할 사이 다시 어두컴컴해지기를 반복하여, 도대체 날씨 변화를 예측할 수 없는 경우와 비슷하오.

이러한 상황은 진짜 도안(道眼)이 뜨인 자가 아니면 식별해낼 수가 없소. 이 때 만약 한 소식(消息) 얻은 걸로 착각하면, 악마에 집착[走火入魔]하여 미쳐 날뛰게 되고, 어떤 의약으로도 고칠 수 없게 되오.

염불 수행하는 사람이 진실한 믿음과 간절한 발원으로, 온갖 공덕을 갖춘 위대한 명호[萬德洪名: 南無阿彌陀佛]를 염송하는 방법은, 마치 밝은 해가 중천에 걸린 대낮에 큰 길을 가는 것과 같아서, 단지 마귀나 요정·도깨비들이 얼씬도 못하고 자취를 감출 뿐만 아니라, 샛길로 빠지거나 옳고 그름을 따질 염두조차 일어날 여지가 없다오.

이러한 염불 수행을 꾸준히 계속하여, 공부가 순수해지고 힘이 지극히 붙으면, 결국 "온 마음이 부처이고 온 부처가 마음이 되어, 마음과 부처가 둘이 아니고 마음과 부처가 하나가 되는[全心是佛, 全佛是心, 心佛不二, 心佛一如]" 경지에 이르는 것이오.

이러한 이치와 이러한 수행을 사람들이 잘 몰라서, 부처님이 중생을 두루 제도하시고자 한 원력에 부합하지 못할까 걱정스러울 따름이오. 그러니 어찌 은밀히 숨겨 두고 전해 주지 않거나, 또는 어떤 특정인에게만 전해 주는 일이 있겠소? 만약 아무도 모르게 은밀히 입과 마음으로만 전수하는 미묘한 비결이 있다면, 이는 삿된 악마나 외도(外道)일 것이며, 불법은 아니라오.

법당(法幢) 화상은 숙세에 영특한 근기를 타고나, 처음에는 진실한 유학자[眞儒]였다가, 나중에 진실한 스님[眞僧]이 되셨소. 그러니 글공부하고 도 닦은 게 결코 헛되지 않았다고 칭송할 만하오. 세상에 진짜 유학자가 있어야, 비로소 진짜 스님이 있게 되오. 별 볼일 없이 어중이떠중이로 노닐던 무뢰한(無賴漢)들이 출가하면, 정말로 거의 모두 불법을 파괴하는 마왕(魔王)과 외도가 되기 십상이오.

법당 화상의 어록은 모두 사람들 마음의 눈을 곧장 통쾌하게 확 뜨게 해주는 훌륭한 법문으로, 인쇄하여 널리 유통시키고 선가(禪家)의 보배로도 삼을 만하오. 그러나 이는 오직 사람의 마음을 곧장 가리켜, 본성을 보고 부처가 되게 하는[直指人心, 見性成佛] 길을 밝혀 놓았을 따름이오.

우리들은 오로지 정토 염불을 수행하기만 하면 되니, 그 말씀의 구절들을 붙잡고 씨름하여 둘 다 손해 보는 어리석은 짓은 하지 말기 바라오. 선가에서 주창하는 것은 오직 근본 요지에 국한하며, 그밖에는 일체 밝히지 않소. 원인을 닦아 과보를 얻고, 미혹을 끊어 진아(眞我)를 증득하는 일은, 모두 스스로 묵묵히 수행해 나가야 할 공부라오. 그런데 문외한들은 선가에서 이러한 수행과 증득의 도리를 뚜렷하게 언급하지 않는 것을 보고는, 선가에서 이러한 방법을 쓰지 않는다고 말하는구려. 이는 곧 선가를 비방하고 부처님과 불법을 비방하는 죄악이오.

교리를 좀 아는 총명한 사람들은 으레 염불 수행이 왜 굳이 서방의 극락정토에 왕생하려고 선택하는지 따져 묻곤 하오. 마치 상대적인 분별과 취사선택을 완전히 초월한 수행만이 절대 궁극인 양 여기는가 보오. 그러나 이는, 취함도 없고 버림도 없는 궁극의 경지는 부처가 된 다음의 일이라는 걸 모르기 때문이오.

아직 부처가 되지 못했다면, 설령 미혹을 완전히 끊고 진리를 증득하는 것조차, 모두 취사선택의 편에 속하오. 미혹을 완전히 끊고 진리를 증득하는 취사선택을 인정한다면, 염불 법문이 동방 대신 서방을 향하고, 혼탁한 사바 고해를 떠나 극락정토에 왕생하려는 발원을, 어찌 허용하지 않는다는 말이오? 참선 법문 같으면 취사선택이 모두 잘못이지만, 염불 법문에서는 취사선택이 모두 옳다오. 참선은 오로지 자기 마음[自心]만 참구하는 것이고, 염불은 부처님의 힘을 함께 믿고 의지하기 때문이오.

그런데 이렇게 서로 판이한 법문의 근본 원리를 제대로 알지도 못하면서, 함부로 망령되이 참선 법문을 가지고 염불 법문을 공격 비판하는 것은, 그 의도가 몹시 잘못 되었소. 참선에서 취사선택을 안 하는 것은 본디 최상의 정수이지만, 염불에서도 취사선택을 없애려 한다면 곧 독약이 되고 만다오.

여름에 모시옷 입고 겨울에 털 가죽옷 입으며, 목마르면 물 마시고 배고프면 밥 먹는 것은, 지극히 당연한 순리 아니겠소? 서로 비난할 수도 없거니와, 또 어느 한 쪽만 옳다고 고집해서도 안 되오. 오직 각자의 근기와 본성에 적합한 방편을 골라잡는다면, 폐해가 없이 유익할 것이오.

동방을 버리고 서방을 취하는 것이 생멸(生滅)이라고 비방하는 자들은, 거꾸로 동방을 고집하여 서방을 버리는 것이 단멸(斷滅)임을 모르고 있소. 대저 아직 미묘한 무상정각을 증득하지 못한 중생이라면, 누가 취사선택을 벗어날 수 있겠소?

3아승기겁을 수련하고 백겁 동안 원인 자리를 닦아, 위로 불도를 구하고 아래로 중생을 교화하며, 미혹을 끊고 진리를 증득하는 일체의 수행과정이, 어느 것 하나 취사선택의 연속이 아니겠소? 모름지기 여래께서 모든 중생이 한시바삐 진리의 몸[法身]과 고요한 광명[寂光]을 증득할 수 있도록 이끌기 위하여, 특별히 나무 아미타불 명호를 지송(持誦)하여 서방 정토에 왕생하라고 간곡히 권하셨음을 잘 알고 명심해야 되오.

여래께서 설하신 일체의 법문은, 모두 미혹을 끊고 진리를 증득하여야만 비로소 생사윤회를 벗어날 수 있으며, 미혹과 업장을 다 끊지 않고서 생사를 벗어날 수 있는 법문은 결코 없음을 알아야 하오. 그런데 염불 법문은, 미혹을 끊은 자가 왕생하면 법신(法身)을 곧장 증득하고, 미혹과 업장을 짊어지고 왕생하더라도 이미 성인의 경지에 우뚝 올라서게 되니, 이 아니 수승(殊勝)하오?

하나는 오로지 자신의 힘에 의지하고, 하나는 오로지 부처님의 힘에 의지하면서 자신의 힘을 아울러 보태니, 두 가지 법문의 쉽고 어려움은 어찌 하늘과 땅 차이가 아니겠소?

으레히 보면, 총명한 사람들이 선서(禪書) 좀 섭렵하다 재미있는 걸 느끼고는, 마침내 참선을 최고로 여기고 마치 사방으로 통달한 도인처럼 자처하는 경우가 많소. 대부분 참선과 염불의 이치를 제대로 모르고, 스스로 과대망상에 잠긴 부류라오. 이러한 생각과 견해는 결코 따라서는 안 되오. 만약 이들을 따르면, 생사윤회를 벗어나는 일은 티끌처럼 수많은 겁(劫)이 지나도록 전혀 가망이 없을 것이오.

권(權)이란 여래께서 중생의 근기를 굽어보시고 거기에 맞춰 드리운 방편 법문[臨機應變]을 일컫고, 실(實)이란 부처님께서 마음으로부터 증득한 도의(道義) 그대로 설법하심을 일컫소.[2] 또 돈(頓)이란 점차적인 과정을 거치지 않고 곧바로 빠르게 단박에 뛰어 넘어 들어감을 일컫고, 점(漸)이란 점차 닦아 나아가고 점차 증험해 들어가, 반드시 많은 세월과 생명의 과정을 거쳐 바야흐로 실상(實相)을 몸소 증득하는 것이오.

그런데 참선하는 사람들은, 참선의 법문이야말로 사람

---

2 유가에서도 임기응변의 융통성을 권(權)이라고 부르는데, 항상 불변의 원칙 도리는 경(經)이라고 함. 종교의 기본 고전을 경(經)이라고 일컫는 것도, 항상 불변의 진리 · 도(道) · 정법(正法)을 담은 책이라는 뜻임.

마음을 곧장 가리켜[直指人心] 본성을 보고 불도를 이루게 하는[見性成佛] 법문으로, 정말로 실(實)이고 돈(頓) 그 자체의 수행이라고 으레히 자랑하는구료. 설사 참선으로 확철대오하여 마음을 밝히고 본성을 본다[明心見性] 할지라도, 그것은 단지 마음에 본래 갖추어져 있는 진리와 본성상의 부처[理性佛]를 보는 것에 지나지 않음을 모르고 하는 소리라오.

만약 대보살의 근기와 성품을 지닌 사람이라면, 확철 대오하면서 증득하여 스스로 삼계 고해를 벗어나 영원히 생사윤회를 해탈함과 동시에, 위로 불도를 추구하고 아래로 중생을 교화하여 복덕과 지혜의 기초를 튼튼히 다질 수 있을 것이오. 그러나 이러한 대보살의 근기와 성품을 갖춘 경우는, 이른바 확철대오했다는 사람들 가운데서 백천 분의 일이나 될까 말까 할 따름이라오.

그 나머지 근기가 조금이라도 처지는 사람은 제아무리 미묘한 도를 확철대오했을지라도, 보고 생각하는 번뇌[見思煩惱]를 완전히 끊을 수 없어서, 여전히 삼계고해에서 생사윤회를 되풀이해야 한다오. 그렇게 생사를 되풀이하다 보면, 깨달음에서 미혹으로 빠지는 경우가 훨씬 많고, 미궁에서 벗어나 깨달음으로 나아가기는 무척이나 어려운 게, 사바세계 수행의 현실이오. 이러한 즉, 참선 법문이 비록 제아무리 실(實)이고 돈(頓) 그 자체의 수행이라고 할지라도, 정말로 근기가 몹시 뛰어난 사람이 아니라면, 그 실(實)과 돈(頓)의 진짜 이익을 받지 못하고, 결국 권(權)과 점(漸)의 방편 법문이 되고 마는 게 아니겠소?

왜 그런가 하면, 바로 자신의 힘[自力]에만 의지하기 때문이오. 자신의 힘이 100% 완전히 갖추어져 있다면 얼마나 다행이겠소? 그러나 현실상 조금이라도 부족하게 되면, 진리와 본성을 단지 깨달을 수 있을 뿐, 몸소 증득할 수는 없게 되오. 지금 말법 시대에 확철대오한 사람도 눈 씻고 찾아보기 어려운 현실인데, 하물며 확철대오한 바를 증득한 사람은 말할 나위가 있겠소?

여기에 비하면, 염불(念佛) 법문은 위로도 통하고 맨 밑바닥까지 통하며, 임기응변의 권(權)이면서 항상 불변의 실(實)이기도 하고, 점진[漸]적이면서 단박에 뛰어넘는[頓] 수행법이기 때문에, 보통의 교리로 시비 우열을 따질 수가 없다오. 위로는 부처와 같은 깨달음을 얻은 보살[等覺菩薩]로부터, 아래로는 아비지옥의 중생에 이르기까지, 모두 닦아 익혀야 할 법문이오.

여래께서 중생에게 설법하심은, 오직 생사윤회를 끝마치고 벗어나도록 이끌기 위함일 뿐이오. 다른 법문들은 최상의 근기를 지닌 자만이 그 일생에 생사를 마칠 수 있으며, 낮은 근기의 중생은 수많은 겁을 닦아도 해탈하기 어렵소.

오직 염불 법문 하나만은 어떤 종류의 근기와 성품을 타고 난 중생이든지, 모두 현생(現生)에 서방 극락세계에 왕생하여 생사윤회를 끝마칠 수 있다오. 이처럼 곧장 빠르게 갈 수 있는데, 어찌 점진[漸] 수행법이라고 이름 붙일 수 있겠소? 비록 제아무리 뛰어난 근기로 참선수행을 하더라도, 보통의 근기로 원만하고 곧장 닦아가는 염불만은 못할 것이오. 겉 보기에는 느리고 둔한 것처럼 보이지만, 그 법문의 위력과 여래의 서원이 평범한 중하근기 중생들도 막대한 이익을 단박에 얻을 수 있도록 만들어 주니, 그 이익은 완전히 부처님의 자비광명 가피력을 믿고 의지하는 것이라오.

무릇 참선하거나 강경(講經)하는 사람들이 정토 염불 법문을 깊이 연구해 보지 않으면, 너무 평범하고 쉽다고 여겨 가볍게 보거나 거들떠보지도 않기 일쑤라오. 만약 그들이 염불 법문을 한번만 제대로 깊이 연구해 본다면, 마음과 힘을 다해 널리 펼치게 될 것이 틀림없소. 그런데 어찌 권(權)이네 실(實)이네, 돈오돈수네 돈오점수네 하는 잘못된 시비 논쟁에 끄달려, 스스로 자신을 망치고 중생까지 혼란에 빠뜨리는 어리석은 짓만 저지르고 있겠소?

'집착하지 말라[不執着]'거나 또는 '집착을 놓아 버리라[放下着]'는 따위의 말은 추상 이치로는 지극히 옳지만, 구체 현실 상황은 보통 평범한 중생들이 행할 수 있는 바가 결코 아니오. 온 종일 따뜻한 옷을 입고 배불리 먹으면서, "굶주림과 추위에 집착하지 않는다."고 사치스럽게 지껄이는 것은, 며칠 동안 물 한 잔 쌀 한 톨 얻어먹지 못하여, 굶주림과 목마름으로 허기져 금방 쓰러져 죽게 생긴 사람이, "나는 용의 간이나 봉황의 골수조차 더러운 쓰레기로 보기 때문에, 생각만 해도 헛구역질이 나는 판인데, 하물며 그보다 못한 물건들을 거들떠보기라도 할쏘냐?"고 허풍 떠는 것과 똑같은 빈말[空談]에 지나지 않소.

요즘 세상에 불교의 이치[敎理]를 제대로 공부하지도 않고 곧장 참선에만 파고드는 사람들은, 대부분 이러한 텅 빈 해탈병[空解脫病]에 걸려 있소. 좌선 좀 하여 생각이 맑아지고 텅 빈 경계[空境]가 앞에 나타나는 것은, 잡념 망상을 고요하고 맑게 가라앉혀 어쩌다 펼쳐지는 환상의 경계[幻境]에 지나지 않다오. 그런데 이를 마치 무슨 소식(消息)이라도 얻은 것처럼 착각하여 크게 환희심을 내면, 마음을 잃어버리고 미쳐 날뛰게 되어, 부처님도 고칠 수 없게 된다오. 다행히 수행자가 이를 몸소 알아차리고 집착하지 않으면서 환상과 망상을 내버리면, 마침내 모든 법문을 일관회통(一貫會通)하는 경지에 이를 수 있소. 비유하자면, 오랫동안 가시밭길을 헤쳐 걸은 뒤, 문득 사통팔달의 큰 길에 도달하는 것과 같다고 할 수 있소.

말법 시대의 우리 중생들은 근기가 형편없는 데다가, 선지식조차 매우 드물다오. 만약 부처님의 자비 가피력에 의지하여 정토 염불 법문 수행에 전념하지 않고서, 단지 자신의 힘만 믿고 참선에만 매달린다면, 마음을 밝혀 본성을 보고[明心見性] 미혹을 끊어 진리를 증득[斷惑證眞]하는 이가 매우 적을 것이오. 뿐만 아니라, 환상을 진짜로 착각하며 홀림을 깨달음으로 오인하고, 악마에 집착하여 미쳐 날뛰는 자들이 정말 많아질 것이오. 그래서 영명(永明) 선사나 연지(蓮池) 대사 같은 선지식들이 시절 인연과 중생 근기를 관찰하여, 염불하자고 정토 법문을 적극 힘써 펼친 것이라오.

참선이라는 법문을 어찌 그리 쉽게 말할 수 있겠소? 옛날 위대한 수행자 가운데 조주 종심(趙州從諗) 선사 같은 분은, 어려서 출가하여 나이 여든이 넘도록 행각(行脚)을 계속했다오. 그래서 그를 칭송한 시에도 "조주는 여든에 여전히 행각하였으니, 단지 마음자리가 아직 고요해지지 않아서였네."라는 구절이 있소. 장경(長慶) 선사는 좌선으로 방석 일곱 개를 닳아뜨린 뒤 돌아다녔으며, 설봉(雪峯) 선사는 세 번 투자산(投子山: 舒州 소재)에 올랐고 아홉 번이나 동산(洞山)에 오르기도 하였소. 이처럼 위대한 조사들도 확철대오하기가 그토록 어려웠거늘, 악마에 들린 무리들은 악마의 말을 한번 듣고서 모두 다 깨쳤다고 날뛰고들 있으니, 앞에 말한 조사들이 몸소 이들의 신발을 들어준다고 할지라도 쓸데가 없구료.

　달마 대사가 서쪽에서 온 것은, 부처님의 마음 새김[佛心印]을 전하고 사람 마음을 곧장 가리켜서[直指人心], 본성을 보고 부처가 되게[見性成佛] 하기 위함이었소. 그러나 여기서 보고 이룬다는 것은, 우리 사람들의 마음에 본래 갖추어진 천진 불성(天眞佛性)을 가리켜 말함이오. 사람들에게 먼저 그 근본을 알아차리게 하면, 수행과 증득의 법문은 모두 그 인식을 바탕으로 스스로 나아갈 수 있으며, 마침내 더 이상 닦을 게 없고 더 이상 증득할 것도 없는, 궁극의 경지에서 저절로 그치게 될 것이기 때문이라오. 한번 깨달음과 동시에, 곧장 복덕과 지혜가 함께 나란히 갖추어지고 궁극의 불도(佛道)가 원만히 이루어진다는 의미는 결코 아니라오. 마치 용을 그리고 눈동자를 찍어 넣으면[畵龍點睛], 용이 곧장 살아나 천지를 진동시킬 만큼 휘황찬란하게 날아오르는 것에 비유할 수 있소. 그 효용은 각자 몸소 받아 느낄 수밖에 없소. 그래서 그대로 곧장 마음이면서 부처인 도와, 마음도 아니고 부처도 아닌 법이, 함께 나란히 온 세상에 쫙 퍼지게 되었소.

　타고난 근기가 뛰어난 자는, 한 경계 한 기미에 곧장 그 낌새를 알아채고, 진리의 말을 토해 내며 평범의 소굴에서 스스로 벗어나, 나고 죽음에 걸림이 없이 대자유와 대해탈을 누리게 되오. 그러나 근기가 조금만 처지는 자는, 설령

확철대오할지라도 번뇌 업습의 기운이 말끔히 사라질 수는
없기 때문에, 여전히 생사의 바퀴를 돌게 되오. 그러면 중음
(中陰)을 거치고 태반(胎盤)을 나오면서, 대부분 혼미와 후퇴
를 거듭하기 마련이오. 확철대오한 사람도 그러하거늘, 하
물며 깨닫지도 못한 사람이야 말해 무엇 하겠소? 정말로 부
처님의 자비 가피력을 굳게 믿고 의지하는 정토 염불 법문
에 전심 진력하는 것이 가장 확실하고 온당한 계책이라오.

율종(律宗)이나 교종(敎宗)·선종(禪宗)은 맨 처음 교리(敎理)
를 분명히 배운 뒤 그에 따라 수행하여야 하오. 수행 공부가
깊어져 미혹을 끊고 진리를 증득하여야만, 바야흐로 생사윤
회를 벗어나게 된다오. 그런데 교리조차 잘 알지 못하면 눈
먼 소경 수행[盲修瞎煉]이 되어, 뭔가 조금 얻으면 다 통했다
고 착각하거나, 악마에 들려 미쳐 날뛰기 십상이오.

설사 교리를 분명히 알고 수행 공부가 깊어졌다고 할지
라도, 미혹을 다 끊지 못하고 터럭 끝만큼만 남겨 두면, 여
전히 윤회 고해를 벗어날 수 없소. 미혹과 업장이 깨끗이 사
라져 생사고해 벗어나기를 계속 기대하는 것은, 부처님의
경지와는 너무도 멀리 동떨어져, 얼마나 수많은 겁(劫)을 더
수행하여야 비로소 부처의 과보를 원만히 이룰 수 있을지
모르오.

비유하자면, 평범한 서민이 태어나면서부터 몹시 총명

하고 지혜로워, 책 읽고 글공부 시작한 지 십여 년 만에 갖은 고생 끝에 어느 정도 학문이 이루어져, 과거에 급제하고 벼슬길에 오르는 것과 같소. 그가 아주 큰 재주와 능력이 있다면, 낮은 관직부터 점차 승진하여 재상까지 오를 수 있을 것이오. 재상은 더 이상 올라갈 수 없는 최고 정점의 관직으로, 모든 신하 중의 으뜸 자리라오. 그러나 재상도 만약 태자에 비교한다면, 귀천이 하늘과 땅처럼 현격히 차이 나오. 하물며 황제에 빗대겠소? 평생 신하로서 군주의 명령을 받들어 행하며, 신명을 다 바쳐 나라 다스림을 도와야 할 운명일 따름이오.

그러나 이러한 재상 직위도 오르기가 정말 쉽지 않소. 반평생 힘과 재주를 다해 수고하면서 온몸으로 감당한 뒤, 운 좋게 황제에게 인정받아야 말년에 잠시 그 자리에 오를까 말까 하는 거요. 만약 학문이나 재능이 조금이라도 모자라는 점이 있다면, 그 자리에 이름조차 들먹이지 못할 것은 당연하오. 그러한 자가 백천만억이나 되는데, 이는 곧 자신의 힘[自力]에만 의존하는 것이라오.

학문과 재능은 교리를 분명히 알아 그에 따라 수행함을 비유하고, 직위가 재상까지 승진하는 것은 수행 공부가 깊어져 미혹을 끊고 진리를 증득함을 비유하오. 또 단지 신하로 일컬어질 뿐 끝내 군주가 될 수 없는 것은, 비록 생사윤

회를 벗어날지라도 아직 불도를 이루지는 못함을 비유하
오.(신하는 결코 황제가 될 수 없소. 황실에 託生하여 황태자로 태
어나지 않는 한. 마찬가지 이치로 기타 법문을 수행하여도 부처가
될 수 있지만, 다만 정토 염불 법문과 서로 비교하면 너무 동떨어진
차이가 나게 되오. 독자들은 이 비유가 함축하는 뜻을 잘 음미하고,
문자에 얽매이지 않기 바라오.

그런데 『화엄경』의 맨 끝에 보면, 부처와 같은 깨달음을 얻은
보살조차 오히려 十大願王으로 극락정토에 왕생하길 회향하고 있
으니, 이는 바로 재상이 황실에 탁생하여 황태자로 태어나겠다는
비유와 의미가 서로 통한다고 볼 수 있소. 염불 법문이 『화엄경』을
얻음으로써, 마치 큰 바다가 온 강물을 집어 삼키고, 너른 허공이
삼라만상을 감싸고 있는 것처럼 밝혀졌으니, 정말로 위대하지 않
을 수 없소.)

그리고 학문이나 재능이 조금이라도 모자라 재상이 되
지 못하는 자가 몹시 많다는 것은, 미혹을 완전히 끊지 못하
여 생사고해를 벗어나지 못하는 중생이 너무도 많음을 비
유하는 것이 되겠소. 그런데 염불 법문은 설령 교리를 잘 모
르고 미혹과 업장을 다 끊지 못했다고 할지라도, 단지 믿음
과 발원으로 아미타불의 명호만 지송(持誦)하여 극락왕생을
구하면, 임종 때 틀림없이 부처님께서 친히 맞이해 서방 정
토에 왕생하게 되오. 극락세계에 왕생하면, 부처님을 뵙고

법문을 들어 무생법인(無生法忍)을 깨달은 뒤, 바로 그 생애에 부처 후보의 지위에 오른다오.

이는 부처님의 힘[佛力]이자, 또 자신의 힘[自力]을 겸비하는 것이오. 믿음과 발원으로 부처님 명호를 지송하는 것은, 자신의 힘으로 부처님을 감동시킴이요, 48대서원으로 극락왕생을 바라는 모든 중생을 자비로이 맞이하시는 것은, 부처님의 힘이 나에게 호응(응집)하심이라오. 감동과 호응[感應]의 통로가 서로 교차하여, 이와 같은 효험을 얻게 되오.

또 만약 교리를 깊이 분명하게 알고 미혹을 끊어 진리를 증득한 사람이 극락에 왕생하게 되면, 그 품위(品位)가 더욱 높고 불도를 훨씬 빨리 원만하게 성취하게 되오. 그래서 문수보살과 보현보살을 포함한 화장(華藏) 세계의 대중이나, 마명(馬鳴)과 용수(龍樹) 같은 역대 위대한 종사(宗師)와 조사(祖師)들이, 한결같이 극락왕생을 발원한 것이오.

비유하자면, 황실에 태어나면 한번 어머니 뱃속에서 나오면서부터, 고귀한 태자로 모든 신하를 거느리게 되는 이치와 비슷하오. 이는 바로 황제의 힘이오. 태자가 자라면서 점차 학문과 재능이 하나씩 갖추어지면, 마침내 황제의 지위를 물려받아 천하를 다스리게 되고, 모든 신하와 백성이 그의 말을 따르게 될 것이오. 이는 황제의 힘과 자신의 힘을 겸비한 것이라오.

염불 법문 또한 이와 같소. 미혹과 업장을 완전히 끊지 못한 채, 부처님의 자비 가피력으로 서방 정토에 왕생하면서 바로 생사고해를 벗어남은, 태자가 태어나면서부터 모든 신하를 압도하는 것과 비슷하오. 그리고 왕생한 뒤 미혹과 업장이 저절로 끊어져 부처 후보의 지위에 오름은, 태자가 자라면서 학문과 재능을 갖추어 황제 지위를 물려받음과 비슷하오. 또 이미 미혹과 업장을 끊은 이는 마명이나 용수 같은 역대 조사와 같고, 벌써 부처 후보의 지위에 오른 이는 문수보살이나 보현보살과 같소. 화장 세계 대중이 모두 왕생을 발원한 것은, 마치 예전에는 변방 시골에 처박혀 감히 황제 자리를 물려받을 엄두도 못 내던 이들이, 지금은 동궁(東宮)에 거처하면서 머지않아 등극(登極)할 차례를 기다리는 것과 비슷하오.

우리 중생들의 심성은 부처와 똑같소. 단지 미혹하여 진리를 등짐으로써 끊임없이 윤회하고 있을 따름이오. 이를 불쌍히 여기신 여래께서 자비로이 근기에 맞춰 설법하심으로써, 모든 생명에게 본래의 집에 되돌아갈 길을 열어 주셨소. 그 법문이 비록 많긴 하지만, 크게 둘로 요약할 수 있소. 바로 참선과 정토 염불이오. 둘 모두 해탈이 가장 쉽지만, 참선은 오직 자신의 힘만 의지하고 염불은 부처님의 힘을 겸비하기 때문에, 양자를 서로 비교하면 염불 법문이 시절 인연과 중생 근기에 가장 잘 들어맞는 셈이오. 비유하자면, 사람이 강이나 바다를 건널 때, 직접 헤엄치지 않고 배에 올라타야만, 안전하고 재빨리 저쪽 언덕[彼岸]에 도달하면서, 몸과 마음 모두 가뿐한 것과 같은 이치라오.

말법 시대의 중생은 오직 크고 안전한 배와 같은 염불 법문에 의지해야 제대로 수행할 수 있다오. 그렇지 않고 한번 근기에 어긋난 법문에 들어서 시절인연을 놓치면, 애써 수고만 다할 뿐 도를 이루기는 어려울 것이오.

대보리심을 발하고 진실한 믿음과 서원을 내어, 평생토록 오직 '나무 아미타불' 명호만 굳게 지니고 염송하기 바라오. 염송이 지극해지면, 모든 감정을 잊어버리고 염송 그 자체가 무념(無念)이 되어, 선종과 교종의 미묘한 의리(義理)가 저절로 철저히 나타나게 될 것이오. 그러다가 임종에 이르면 부처님과 보살님이 몸소 오시어 직접 맞이해 갈 것이니, 곧장 최상의 품위에 올라 앉아 무생법인을 증득하게 되오. 오직 한 가지 비결이 있을 따름이니, 정말 간절히 일러 주겠소.

정성을 다하고 공경을 다하면, 미묘하고 미묘하며, 또 미묘하고 미묘하리로다![竭誠盡敬, 妙妙妙妙妙!]

깨달음과
증득[悟證]

　　　　　　　　예로부터 고승 대덕은 옛 부처
또는 보살의 화신(化身)으로 재림하신 분들이 많았소. 그분
들은 모두 항상 자신을 범부 중생이라고 자처하셨지, 자신
이 부처이고 보살이라고 말한 분은 결코 없소. 그래서 『능엄
경』에서 이렇게 말씀하셨소.

　"내가 열반한 뒤, 여러 보살과 아라한에게 미래 말법 세
상 가운데 인연 따라 각종 형상의 몸을 나토어, 중생을 제
도하는 법륜을 굴리도록 명하리라.(혹은 사문·백의거사·군
왕·고관대작·동남(童男)·동녀(童女)가 되거나, 또는 창녀·과부
나 간음·도둑·도살·장사하는 자가 되어, 그들과 함께 일하면
서 불도를 찬양 칭송하여, 그들의 몸과 마음이 삼매에 들도록 이
끌리라.) 그러나 스스로 자신이 진짜 보살이나 진짜 아라한
이라고 말하여, 부처의 은밀한 인연을 누설하고, 말법 시대
천박한 공부를 가벼이 떠드는 일은 끝내 없을 것이다. 오직

임종에 은밀한 유언으로 부촉하는 경우만 제외하고….”

천태(天台) 지자(智者) 대사는 실로 석가 부처의 화신이오. 임종에 증득한 순위 차례를 질문한 제자가 있었는데, 이렇게 대답했다오.

“내가 대중을 거느리지 않았으면, 반드시 육근을 청정하게 닦았으리라. 자신의 수행을 덜어 남들을 이롭게 하느라, 단지 5품(品)까지밖에 오르지 못했다.”

이 말씀도 역시 범부로 자처한 것이오. 5품이란 곧 원교(圓敎)의 관행위(觀行位)요. 깨달은 바가 부처와 같은 범주에 속하고, 오주 번뇌(五住煩惱)를 원만히 조복했지만, 보는 미혹[見惑]도 아직 완전히 끊지 못한 상태라오.

지자 대사도 임종시까지 아직 본래 진면목을 다 드러내시지 않은 것이오. 후학들이 뜻을 더욱 굳게 다지고 수행에 정진하도록 격려하기 위해서였소. 혹시라도 조금 얻은 것 가지고 만족하거나, 범부 주제에 외람되이 성인으로 자처하여, 아만에 빠지는 일이 없도록 훈계하시고자 함이었소.

그런데 지금 악마의 무리 가운데, 도를 얻었다고 기고만장하게 떠드는 자가 많소. 이는 모두 불법을 파괴하고 어지럽히며, 중생들을 미혹시키고 호도하는 새빨간 거짓말쟁이[大妄語人]들이오. 이런 큰 거짓말의 죄악은 오역(五逆)이나 십악(十惡)보다 백천만 배 이상 더 중대하오. 그런 스승과 제자들은 모두 영원히 아비지옥에 떨어져, 모든 불국토의 티끌 수만큼의 겁[佛刹微塵數劫]이 지나도록, 벗어날 길 없이 항상 극심한 고통을 받을 것이오. 어찌하여 한 때의 뜬 구름 같은 명예나 이익을 위하여, 영겁토록 참혹한 형벌을 짊어진단 말이오? 명예와 이익이 이처럼 사람을 미혹시킨다오.

염불과 간경(看經)으로 두 가지 텅 빈 이치[二空理]를 깨닫고 실상법(實相法)을 증득한다 함은, 성찰하여 깨닫고 수행해 간다는 관점에서 현재의 원인과 미래의 결과를 보이는 것이오. 그러므로 아직 그릇을 다 이루지 못한 상태에서, 현생에 바로 이와 같을 수 있다고 자부해서는 절대로 안 되오. 현생에 실상을 증득하는 사람이 전혀 없는 것은 아니지만, 그러한 선근(善根)을 지닌 이가 그리 많지 않소.

만약 이러한 사실을 상세히 알려 주지 않아, 어설픈 수행자들이 성인의 지위를 증득하려고 과대망상에 빠지게 내버려 둔다면, 뜻만 높고 행실이 따라가지 못하게 될 것이오. 그렇게 오래 지속하다 보면, 제 정신을 잃고 미쳐 날뛰면서, 얻지도 못했는데 얻었다고 떠들고, 증득하지도 못했는데 증득했다고 지껄일 것이오. 그래서 향상하려다가 도리어 타락하고, 잔재주 부리다가 더 졸렬해지는데, 궁극에는 영원히 삼악도에 떨어지는 과보를 피할 수 없게 되오. 그 결과 자기의 영혼만 고통에 파묻히는 것이 아니라, 실로 부처님 은혜를 크게 저버리는 게 되오.

　두 가지 텅 빈 이치[二空理]는, 오직 깨달음으로만 말한다면, 근기가 좀 뛰어난 범부도 가능하다오. 예컨대, 원교(圓敎)의 명자위(名字位) 가운데 속한 사람도, 비록 오주번뇌(五住煩惱)를 터럭 끝만큼도 조복시키거나 끊지는 못했지만, 깨달은 내용은 부처와 전혀 다르지 않다는 것이오.(五住에는 보는 미혹[見惑] 하나와 생각하는 미혹[思惑] 3개가 세계 안에 있고, 진사혹(塵沙惑)과 무명혹(無明惑)이 합쳐 1개로 세계 밖에 있소.)

　선종으로 말한다면 확철대오라고 부르고, 교종으로 말한다면 대개원해(大開圓解: 원만한 해오를 크게 열음)라 부르오. 여기서 말하는 확철대오와 대개원해는 그저 희미하게 대강 명료함이 결코 아니오.

　예컨대, 방(龐) 거사는 "그대가 한 입에 서강(西江)의 물을 다 들이마시면, 그 뒤에 곧바로 그대에게 말해 주겠다."는 마조(馬祖) 대사의 말을 듣고, 그 자리에서 단박 현묘한 이치를 깨쳤다오. 또 대혜(大慧) 종고(宗杲) 선사는 "훈훈한 바람이 남쪽에서 불어와 대웅전 법당이 조금 시원해진다."는 원오(圓悟) 대사의 말을 듣고, 역시 단박에 깨달았다오.

　그리고 지자(智者) 대사는 『법화경』을 독송하다가, 「약왕본사품(藥王本師品)」의 "이것이 바로 진짜 정진이고, 이것을 여래께 대한 진짜 법공양[眞法供養如來]이라고 부른다."는 구절에 이르러, 활연히 크게 깨달았다오. 그리고는 고요히 선정에 들어, 영산법회(靈山法會)가 아직도 끝나지 않은 모습을 친견했다오.

이와 같이 깨달아야만, 비로소 확철대오나 대개원해라고 부를 수 있소. 실상법을 증득하는 것은, 보통의 범부 중생이 할 수 있는 바가 아니오. 남악(南嶽) 혜사(慧思) 대선사는 지자 대사가 법을 전해 받은 스승이시오. 대지혜와 대신통을 지니셨는데, 임종에 어떤 제자가 증득한 내용을 묻자, 이렇게 대답했다오.

"나는 애당초 동륜(銅輪)에 이르려고 뜻을 두었네. 그러나 대중을 너무 일찍 거느린 탓에, 단지 철륜(鐵輪)을 증득하는 데 그쳤네."

(동륜이란 곧 십주위(十住位)로, 무명을 깨뜨리고 실상을 증득하는 경지인데, 처음에 실보(實報)에 들어가서, 점차 적광(寂光)을 증득하게 되오. 초주(初住)만 해도 무려 백 개의 삼천대천세계에 부처의 몸을 나토어 중생을 교화하며, 2주(二住)는 천 개, 3주(三住)는 만 개의 삼천대천세계로, 주위(住位)에 따라 점층적으로 확대되어 가니, 어찌 작다고 하겠소?

철륜이란 곧 제 10신(第十信)의 지위인데, 초신(初信)에서는 보는 미혹[見惑]을 끊고, 7신(七信)에서는 생각하는 미혹[思惑]을 끊으며, 8, 9, 10신에서는 진사혹(塵沙惑)을 깨뜨리고 무명혹(無明惑)을 조복시킨다오. 남악 혜사 선사가 제 10신에 이르렀다고 밝혔으니, 아직 실상법을 증득하지 못한 것이오. 만약 1품의 무명을 깨뜨려 초주(初住)의 지위를 증득했더라면, 비로소 실상법을 증득했다고 말할 수 있을 것이오.)

지자(智者) 대사는 석가모니불의 화신이신데, 임종에 한 제자가 대사께서 어느 과위(果位)까지 증득하셨는지 여쭙자, 이렇게 대답했다오.

"내가 대중을 거느리지 않았다면, 반드시 육근이 청정했을 것이다. 그러나 나를 덜어 남들을 이롭게 하느라, 단지 오품(五品)에 올랐다."

또 우익(藕益) 대사는 임종에 열반게에서 이렇게 말씀하셨소.

"명자위 가운데 진짜 부처님 안목을, 끝내 어떤 사람에게 당부해야 할지 모르겠다[名字位中眞佛眼, 未知畢竟付何人.]."

(명자위에 오른 사람은 여래장 성품을 원만히 깨달음이 부처와 똑같은 정도인데도, 보고 생각하는 미혹을 아직 조복 받지 못했으니, 하물며 끊었겠소? 말세에 확철대오했다는 사람들은 거의 대부분이 이러한 신분이라오. 이치상으로는 비록 단박 깨달았다[頓悟]고 하지만, 미혹을 아직 조복 제거하지 못했기 때문에, 한번 다시 생명을 받으면 자칫 길을 잃기 십상이오.)

우익 대사가 명자위(名字位)를 보이셨고, 지자 대사는 오품(五品)을 보이셨으며, 남악 대선사는 십신(十信)을 보이셨소. 비록 세 대사의 본바탕은 모두 헤아릴 길이 없지만, 그분들이 보이신 명자(名字)·관행(觀行: 五品)·상사(相似: 十信)의 세 과위를 보면, 실상(實相)을 증득하기가 결코 쉽지 않고, 후학이 선배를 초월하기가 얼마나 어려운지 알 수 있소.

이분들은 진실로 후학들이 증득하지도 못했으면서 증득했다고 착각하고 자랑할까 염려하여, 몸소 자신의 과위로 설법하셨소. 후학들이 스스로 부끄러운 줄 알고, 감히 망령된 자만심에 빠지지 못하도록 예방하기 위해서였소. 그러니 세 대사께서 임종에 당신들의 과위를 몸소 보이신 은덕은, 뼈가 가루가 되도록 몸을 부숴도 다 보답할 수 없다오. 과연 그대들이 이 세 대사를 초월할 수 있는지, 스스로 곰곰이 생각해 보시오.

만약 염불과 독경으로 선근을 잘 심고 가꾸어, 서방 극락에 왕생한 뒤에 항상 아미타불을 모시며 청정해회(淸淨海會)에 동참한다면, 그 공덕과 수행의 정도에 따라 빠르고 높은 차이는 있겠지만, 반드시 실상(實相)을 증득할 것이오. 이는 전혀 의심할 나위 없는 틀림없는 이치이며, 지금까지 극락왕생한 모든 분들이 함께 얻고 증명하는 사실이오.

깨달음[悟]이란 분명히 훤하게 아는 것이오. 마치 문을 열어 산을 보고, 구름이 걷혀 달이 보이는 것과 같소. 또 눈

120

이 맑은 사람이 돌아갈 길을 몸소 보는 것과도 같고, 오랫동안 가난했던 선비가 갑자기 보물 창고를 연 것과도 같소. 증득[證]이란 마치 그 길을 걸어 집에 돌아가, 발길을 멈추고 편안히 쉬는 것과 같소. 또 얻은 보물을 마음대로 사용하는 것과도 같소.

깨달음은 마음이 큰 범부[大心凡夫]만 되어도 부처와 같을 수 있소. 그러나 증득은 초지(初地)에 오른 사람이라도, 바로 위의 이지(二地)가 어떻게 발을 들고 어디에 발을 딛는지조차 모른다오. 깨달음과 증득의 이러한 이치 차이를 안다면, 저절로 증상만(增上慢)도 일지 않으며, 후퇴 타락도 생기지 않을 것이며, 극락정토에 왕생하길 발원하는 마음은 만 마리의 소[牛]라도 만류하지 못하리다.

지자(智者) 대사는 세간에서 석가불의 화신이라고 일컬어지니, 증득하신 경지를 누가 알 수 있겠소? 그런데도 부처님께서 중생들을 위해 몸을 나토어 모범을 보이시면서, 몸소 범부로 자처하셨다오. 임종에 "내가 대중을 거느리지 않았다면, 반드시 육근이 청정했을 것이다."고 하신 말씀은, 자신의 경지로 후학들을 훈계한 현신설법(現身說法)이오.

대사는 애시당초 미혹을 끊고 진여를 증득하여, 곧장 등각(等覺)의 경지에 오르려고 뜻을 세웠다오. 그런데 불법을 펼쳐 중생들을 이롭게 하기 위해서, 당신의 선정(禪定) 공부를 많이 거르게 되어, 원교(圓教)의 오품 관행위(五品觀行位)를 증득하는 데 그치셨소. 그래서 "자신을 덜어 남들을 이롭게 하느라, 단지 오품밖에 오르지 못했다."고 말씀하셨소.

오품(五品)이란 수희(隨喜) · 독송(讀誦) · 강설(講說) · 겸행육도(兼行六度: 육바라밀을 아울러 행함) · 정행육도(正行六度)의 다섯 가지라오. 원교의 오품위(五品位)는, 여래장의 성품을 깨달음이 부처의 깨달음과 전혀 다르지 않소. 보는 미혹 · 생각하는 미혹 · 진사혹(塵沙惑) · 무명 등의 번뇌를 원만히 조복하였으되, 보는 미혹조차 아직 완전히 끊지는 못한 경지라오.

만약 보는 미혹을 완전히 끊으면, 초신(初信)을 증득하오. 또 칠신(七信)에 이르면 생각하는 미혹도 완전히 끊기어, 육근을 마음대로 사용하여도 육진(六塵)에 오염되지 않는 실제 증명(實證)을 얻게 되오. 그래서 육근청정위(六根淸淨位)라 부르오.[3] 또 각각의 근(根: 감각 기관) 가운데 육근의 공덕을 두루 갖추어 육근불사(六根佛事)를 할 수 있소. 그래서 육근호용(六根互用)이라고도 부르오.[4] 『법화경』의 「법사공덕품(法師功德品)」에서 말한

---

3 공자가 논어에서 자신이 "칠십 세에 마음이 하고 싶은 대로 따라도 법도에 어긋남이 없게 되었다[七十從心所欲不踰矩: '마음이 종용(從容)스러워, 하고 싶은 게 법도에 어긋나지 않다'고 해석하는 이견도 있음]."고 술회한 경지가, 내용상 적어도 여기서 말하는 7신(信)의 육근청정위일 것으로 필자는 감히 추정해 본다.

4 세상의 소리를 듣지 않고 본다는 '관세음(觀世音)' 명호나, 공자가 "아침에 도

122

대로라오. 남악 선사가 바로 이 경지에 이르렀다고 보이셨소.

이 경지에 이른 사람은, 단지 대지혜를 지닐 뿐만 아니라, 대신통도 가진다오. 그 신통력은 소승의 아라한이 감히 견줄 수도 없을 정도라오. 그래서 남악 선사는 생전이나 사후 모두 불가사의한 일(기적)들이 많아, 보고 들은 사람들에게 모두 깊은 신심을 불러 일으켰다오.

남악 선사와 지자 대사 같은 분은 모두 법신대사(法身大士)이시니, 그 분들이 실제 증득한 지위가 얼마나 높고 깊은지, 누가 헤아릴 수 있겠소? 이렇게 말하는 것도, 단지 앞으로 도를 배우는 데 전념으로 정진할 후학들을 격려하기 위해서, 대강의 곡절만 밝히는 것뿐이오. 그분들이 어찌 정말로 십신상사위(十信相似位)나 오품관행위를 증득하는 데 그쳤겠소?

우리 같은 범부 중생이 어떻게 감히 그분들을 흉내나 낼 수 있겠소? 우리들은 그저 중요한 계율을 거칠게나마 대강 지키면서, 일심으로 염불하고, 아울러 세간의 선행을 두루 쌓는 것으로 보조 수행을 삼으면 충분하리다. 영명(永明) 대사나 연지(蓮池) 대사의 법문에 따라 행하기만 하면, 이롭지 않을 게 전혀 없을 것이오. 불교 모든 종파의 수행 법문은, 반드시 진실한 수행이 일어나 알음알이 분별이 끊어지는[行

를" 얻거나 깨닫지 않고 단지 "들으면 저녁에 죽어도 좋다[朝聞道, 夕死可矣]."고 감탄한 말씀이 바로 육근호용의 대표적인 실례가 아닐까 생각한다.

123

起解絶] 지경에 이르러야, 바야흐로 실제 이익이 있게 되오. 단지 정토 법문의 관상(觀想) 수행만 그러한 것이 아니라오.

선종에서는 아무 의미도 없는 화두(話頭: 말머리)를 마음속에 간직하며, 마치 목숨이나 사주처럼 여기오. 시간과 날짜를 따지지 않고 늘상 참구하여, 몸과 마음 세계를 모두 알지 못하는 상황에 이르러서야 바야흐로 확철대오하게 되니, 이 또한 수행이 일어나 알음알이가 끊긴 지경이 아니겠소? 육조 혜능 대사가 단지 『금강경』한 구절을 듣고, 곧장 마음을 밝히고 성품을 볼[明心見性] 수 있었던 것도, 수행이 일어나 알음알이가 끊긴 지경이 아니겠소?

내 생각에는 수행이 일어난다는 '기(起)' 자는, 의미상 마땅히 수행이 지극해진다는 '극(極)' 자로 써야 할 것 같소. 오직 지극하게 공부에 힘써야만 주체[能]와 객체[所: 사물 대상] 두 가지를 모두 잊고, 한 마음[一心]이 철저히 드러나기 때문이오. 만약 수행이 지극하지 못하다면, 비록 관상하고 염불할지라도 주체와 객체가 있게 되어, 완전히 범부의 감정으로 일하는 것이고, 완전히 지식 분별이 되고 마오. 완전히 알음알이 분별에 불과한데, 어떻게 진실한 이익을 얻을 수 있겠소?

오직 수행 공부가 지극한 경지에 이르러야만, 주체와 객체, 감정과 식견이 모두 소멸하고, 본래 지닌 진짜 마음[眞心]이 드러나게 되는 것이오. 그래서 옛날에 죽은 나무 같던 사람이 있었는데, 나중에 그 도풍(道風)이 고금에 걸쳐 휘황찬란히 빛나게 된 것도, 모두 지극함[極] 한 글자에 있을 따름이오. 이익을 잘 얻을 줄 아는 사람은 가서 이익 아닌 게 없으며, 손해를 달게 받는 자는 가서 손해 아닌 게 없소. 요즘 사람들은 늘상 세간의 분별적인 총명 재주로 불학(佛學)을 연구하다가, 이치의 길[義路]만 조금 트이면 곧 몸소 증득[親得]했다고 일컫기 일쑤요.

그때부터 스스로 높은 경지에 있는 걸로 여기고, 고금의 인물들을 모두 무시한다오. 현재의 사람들이 자기 안중에 들어오지 않는 것은 말할 것도 없소. 천수백 년 동안 계속 세간에 출현하신 고승 대덕들은, 대부분 옛 부처님들이 다시 오셨거나 법신 보살들이 나토신 화신(化身)이신데도, 그는 이런 분들조차 본받을 게 없는 평범한 인물로 치부하고 만다오. 아직 증득하지 못했으면서도 증득했다고 말하는 자가 오죽하겠소? 그가 하는 말을 들어 보면 구천(九天)을 꿰뚫을 정도로 고상하지만, 마음을 살펴보면 비열하기가 구지(九地: 황천) 아래로 떨어질 정도라오.

이렇듯이 더럽고 나쁜 버릇은 통절히 제거해야 마땅하오. 그렇지 않으면, 제호(醍醐: 우유에서 정련한 최고급 精味)를 독그릇에 담는 것처럼, 사람을 죽게 할 수도 있다오. 만약 한 생각을 되돌이켜 자기 마음을 살피고 궁리할 수 있다면, 여래께서 설하신 법문만이 유익한 게 아니오. 돌이나 벽돌, 등잔 갓과 이슬, 심지어 대지에 널려 있는 온갖 모습과 빛깔과 소리까지, 어느 것 하나 제일의제(第一義諦)의 실상 묘리(實相妙理)가 아닌 게 없다오. 독실하게 믿고 힘써 실행하기 바라오.

꿈속에서 불보살님의 가피를 받는 일은, 숙세에 착한 뿌리를 심었다고 할 수 있는 몹시 희귀한 체험이오. 그러나 모름지기 계속 전전긍긍하며 스스로 수행에 힘써야, 그러한 꿈이 끝내 헛되지 않게 되오. 만약 범부 중생의 식견으로 크나큰 자만심을 일으켜, "나는 이미 삼보의 가피를 받았으므로, 벌써 성인의 경지에 들어섰다."고 망령된 말을 지껄이면서, 아직 증득하지도 못한 주제에 이미 증득했다고 자처한다면, 이는 착한 원인을 가지고 악한 결과를 불러들이는 게 되오.

말법 시대의 중생들은 마음과 지혜가 너무 낮고 보잘것없어서, 늘상 이러한 병폐를 범하기 마련이오. 『능엄경』에서 "성인이라는 마음을 내지 않는 것이 곧 훌륭한 경계이다. 만약 성인이라고 생각하면, 곧장 뭇 사악의 침범을 당하리라 [不作聖心, 名善境界, 若作聖解, 即受群邪.]."고 말씀하신 게 바로 이것이오. 정토법문을 힘써 수행하는 데에 스스로 분발하고 격려하길 권하오. 그러면 장래에 틀림없이 막대한 이익을 얻게 될 것이오.

염불 수행의 중점은 극락왕생에 있소. 그렇지만 염불이

지극하면 또한 마음을 밝히고 성품을 볼[明心見性] 수도 있으니, 염불 수행이 현세에 전혀 이익이 없는 것은 아니오. 옛날 명(明) 나라 때 교숭(敎崇) 선사는 매일 관세음보살의 성호를 십만 번씩 염송했는데, 나중에는 전혀 배우지도 않은 경서(經書)를 모두 알게 되었다오.

『정토십요(淨土十要)』와 『정토성현록(淨土聖賢錄)』을 읽어 보면, 비로소 염불의 미묘함을 알 수 있거니와, 나도 이미 누차 언급한 적이 있소. 그런데도 염불 수행이 현세에 전혀 이익이 없다고 말하는 것은, 정토 경론(淨土經論)들을 깊이 이해하지 못하고, 내 글도 주마간산(走馬看山) 식으로 대충 스쳐보고 만 까닭이오.

적광정토(寂光淨土)는 비록 바로 이 자리가 맞다[當處卽是]고 하지만, 그러나 지혜가 궁극까지 끊어 버리고 비로자나 법신을 원만히 증득한 자가 아니면, 철저하게 몸소 받아 쓸 수 없소. 원교(圓敎)의 십주(十住) · 십행(十行) · 십회향(十廻向) · 십지(十地) · 등각(等覺) 등 41지위도 오히려 차례로 나누어 증득[分證]하는 단계라오. 만약 누가 비로자나 법신을 원만히 증득한다면, 이 자리가 바로 적광정토라고 말해도 괜찮을 것이오. 그러나 혹시라도 그렇지 못하다면, 이는 밥을 말로만 먹고 보배를 손으로 세기만 하는 것과 같아서, 굶주려 죽음을 면할 수 없소.

선종과
교종

　　　　　　　　　　말세에 강설(講說)하는 사람들은
으레히 선종을 말하기 좋아하오. 그래서 그 말을 듣는 청중
들이 대부분 말에 따라 겉돌기 마련이오. 그러나 내 생각에,
선가(禪家)의 기어(機語: 논리나 뜻으로 풀이할 수 없는 機微의 언어)는 어
떠한 의미도 전혀 없소. 오직 찾아오는 기미(機微)에 대하여
향상(向上: 선가의 지극한 곳)의 길을 가리켜 줄 뿐이오. 이러한 기
어는 단지 참구할 수 있을 뿐이거늘, 어찌 강설할 수 있단
말이오?

　만약 이와 같이 경전을 강설한다면, 오직 격식을 초월하
는 최상근기의 선비만 이익을 얻을 수 있소. 그 나머지 중하
류의 범부 중생들은 모두 오히려 그 병폐(부작용)를 받기 마
련이오.

　선종에서는 기봉전어(機鋒轉語: 근기에 따라 날카롭게 내던지는 말,
화두)를 힘써 참구할 줄은 모르고, 망령되이 자기의 논리와

의미로 풀이하려는 폐단이 많소. 또 교종에서는 실제의 이치와 사물을, 자기가 몸소 경험한 경계가 아니라는 이유로 믿지 않고, 그것이 단지 비유적인 의미로 불법을 표현한 것이라고 오인하는 경향이 크오. 그러면서 교종으로 선종을 공격하고, 선종으로 교종을 공격하고 있소. 그래서 근래 종파간의 갈등과 비판은 전에 없이 막대하오.

조계(曹溪: 육조 혜능이 주석한 곳으로 이곳에서 선풍을 크게 드날렸다) 이후에 참선의 도가 크게 일어나, 문자를 세우지 않는다[不立文字]는 말이 세상에 널리 퍼지게 되었소. 그래서 뜻으로 이해하려는 길이 날로 넓혀지면서, 깨달음의 문은 거의 막혀 닫힐 지경에 이르렀소. 그래서 남악(南嶽)이나 청원(靑原) 같은 여러 조사들은 모두 기어(機語)로써 사람들을 맞이하였소.

설사 부처님이나 조사들이 나타나 말씀을 하신다고 해도, 그 질문에는 전혀 대꾸할 길이 없소. 정말로 딱 들어맞게 알아차리지 못하면, 그 말은 짐작도 할 수 없는 것이오. 이걸로 시험해 보면, 황금과 투석(鍮石: 금과 비슷한 自然銅의 精鍊品)이 금방 판가름 나고, 옥과 돌이 확연히 구분되오. 그래서 가짜로 대충 법도(法道)를 흉내 낼 수가 없는 것이오. 이것이 바로 기봉전어(機鋒轉語: 화두)가 생겨난 유래라오.

그 후로 이러한 선종의 법이 날로 치성해지면서, 선가의 선지식들이 행세하며 남들의 화두를 답습하면, 판에 박힌

격식으로 전락하여, 수행자들을 잘못 이끌고 선종의 가풍을 어지럽힐까 염려스러웠소. 그 결과 기어(機語)를 갈수록 날카롭고 준엄하게 쓰게 되었소. 그래서 근기에 따라 내던지는 화두가 일정한 방향 없이 변화무쌍하여, 사람들이 도대체 갈피를 잡을 수 없게 되었다오.

그러다 보니 부처님을 꾸짖고 조사를 욕하는가 하면,[5] 경전과 교법을 배척하고 정토와 염불을 부정하기에 이르렀소. 이와 같은 작용은 남악(南嶽) 혜사(慧思) 대사의 두 구절에 확연히 나타나 있소.

> 무리를 빼어나고 대중을 벗어나니 큰 허공이 그윽하고
> 사물을 가리켜 마음을 전하나 사람들이 알지 못하네.
> 超群出衆太虛玄
> 指物傳心人不會

그러나 이러한 말을 실제 법[實法]으로 오인하면, 그 죄가 오역(五逆)과 같게 되오. 이러한 말은 사람들의 감정과 선입

---

5 "부처를 만나면 부처를 죽이고, 조사를 만나면 조사를 죽이라."는 임제(臨濟) 선사의 말이 널리 퍼져 있다. 또 한겨울에 절의 땔감이 떨어지자, 스님이 나무로 만든 불상을 갖다 도끼로 쪼개 불을 때면서, 이를 의아하게 여기고 나무라는 사람에게, "부처님 사리가 얼마나 나오는지 보려고 그랬다."고 대답했다는 식의 일화도 잘 알려져 있다.

견을 도려내고, 논리적 사고와 지식적 이해의 길을 막아 버리는 것이오. 근기가 뛰어나고 인연이 무르익은 사람은, 그 자리에서 가리키는 뜻을 알아채고, 향상(向上)의 이치를 철저히 깨달을 수 있소. 또 근기가 좀 살아있는 자는, 진실하게 힘써 참구하여 반드시 확철 대오하고야 말 것이오.

당시에는 선지식이 많았고, 사람들의 근기도 아직 괜찮았으며, 교리(敎理)도 분명하고, 생사 해탈에 대한 마음도 간절하였소. 때문에 설령 그 자리에서 곧장 훤히 깨닫지는 못할지라도, 비천한 열등심은 결코 내려고 하지 않았다오.

그런데 지금 사람들은 대부분 어려서부터 유가의 글을 공부하여, 세상의 이치도 잘 모르고 불법의 교리도 알지 못하면서, 처음 발심하면서부터 곧장 선종의 문에 들어가기 일쑤요. 선가의 선지식이라는 분들도 단지 자기 문중을 지탱하면서 옛 사람들의 거동을 흉내 낼 뿐, 전법과 불도의 이해득실은 따지지도 않고 있소.

또 그 밑에서 공부하는 수행자들도 진실한 의문의 감정을 내지 아니하면서, 하나하나 실제 법(實法)인 걸로 생각하고 있소. 더러는 요즘 사람이 내던진 말이나 모든 옛 사람들의 기록 가운데서, 자기 생각으로 조그만 이론 체계를 그럴 듯하게 꾸며 본다오. 그게 결국은 문자에 따른 의미 해석의 범위를 벗어나지 못하는데도, 스스로 궁극의 향상(向上) 이치를 완전히 깨달아 더 이상 참구할 게 없다고 자부하고 있소.

그리고는 선지식의 행세를 하면서, 후학들을 지도하고 문중을 지키는 것이오. 그러다 보니, 사람들이 자신을 통달한 대가가 아니라고 볼까 두려워하여, 참선과 강설을 함께 펼치는구료. 참선과 교법을 아울러 통달했다고 일컬어지기 바라는 것이오.

그런데 참선을 말할 때는, 고승 대덕들이 궁극의 향상(向上)을 가리킨 말(화두)에 대해서, 문자상의 뜻이나 풀이하는 말을 지껄이는 게 고작이오. 또 교법(敎法)을 말할 때는, 여래께서 원인 자리를 닦아 과보의 지위를 얻은 도(道: 진리)에 대해서, 도리어 형식적인 표면상의 법이나 상징적인 비유의 의미로 해석하고 있소.

결국 교법으로 참선을 파괴하고, 참선으로 교법을 파괴하는 거라오. 눈 먼 길잡이가 눈 먼 대중들을 이끌고, 함께 불구덩이 속으로 뛰어드는 셈이라오. 후학들에게 옛 사람들의 향기롭고 훌륭한 수행 규범은 들려주지 못하고, 도리어 부처님을 경시하고 조사들을 능멸하며 인과응보의 법칙을 부정하는 죄악만 본받게 하는 것이오.

교법은 상중하 세 근기의 중생들이 두루 혜택을 입고, 지혜로운 자나 어리석은 자를 모두 포괄하오. 마치 성왕의 현명한 법령을 온 천하가 높이 받들어 칭송하고, 잘나거나 못나거나 똑똑하거나 바보거나, 모든 백성이 잘 알아 지켜야 하는 것과 같소. 법령에 복종하지 않는 백성이 하나라도 있으면 엄형에 처하듯이, 부처님의 교법도 믿고 따르지 않는 중생이 하나라도 있으면 삼악도에 떨어지게 되오.

선종은 오직 상근기만 혜택을 입고, 중하근기의 중생들은 포섭하지 못하오. 마치 장군이 비밀스런 특명을 내리면, 아군의 진영 안에서만 알 수 있을 뿐, 진영 밖의 사람은 설령 태어나면서부터 모든 것을 아는 지혜가 있더라도 도무지 알 수가 없는 것과 같소. 그래서 전군(全軍)이 적군을 섬멸시키고 천하태평을 가져올 수 있소.

군령의 기밀이 한번 누설되면 삼군(三軍)이 모두 몰살당하듯, 조사(祖師)의 법인(法印)이 한번 누설되면 다섯 종파가 모두 망하게 되오. 그래서 아직 깨닫기 전에는 오직 화두만 참구하도록 단속하고, 참선에 관한 책을 떠들어 보지 못하도록 금지하는 것이오. 조사의 본래 뜻을 오해하여, 미혹을 깨달음으로 착각하고, 가짜가 진짜를 어지럽힐까 정말로 염려하기 때문이오. 이러한 것을 누설이라고 부르는데, 그 해악은 정말 막대하오.

궁극의 근원은 둘이 아니지만, 거기에 이르는 방편은 여러 문이 있소. 선종 가문의 방편은 아주 특별한 예외여서, 모든 말과 글을 완전히 쓸어 없애버린 듯하오. 그래서 본의를 얻지 못한 자는, 말을 떠난다는 취지를 체득하지 못하고, 단지 술지게미나 핥는 격이오.

　선종에서 뜻으로 이해하려는 길을 한번 열어 놓으면, 힘써 참구하려 들지 않을 것이오. 교종에서 원만하고 융통스런 경지를 섣불리 배우면, 사물의 모습[事相]을 모조리 파괴할 것이오. 오직 크게 통달한 선비만, 이 양쪽의 이익을 함께 얻을 수 있소. 그렇지 못한 경우에는, 제호(醍醐)와 감로(甘露)를 독그릇에 담아 독약으로 변하게 만드는 꼴이 되고 만다오.

　교법은 비록 중하근기의 사람에게도 이익을 주긴 하지만, 최상의 근기가 아니면 크게 통달할 수 없소. 너무 광범위하고 방대하기 때문이오. 반면 참선은 비록 중하근기의 사람이 어떻게 마음을 두기가 어렵지만, 상근기의 사람은 크게 깨달을 수 있소. 단순하게 지키기 때문이오.

　교법은 세간법과 불법, 사물과 이치[事理], 성품과 형상[性相] 모두를 통달하고, 나아가 대개원해(大開圓解: 원만한 이해를 크게 열어젖힘. 선종의 확철대오에 해당함)하여야만, 비로소 인간과 천상을 모두 인도하는 스승[人天導師]이 될 수 있소. 반면 참선은 하나의 화두만 참구하여 깨뜨리면, 본래 진면목을 친견하여, 선종의 직지인심(直指人心: 사람 마음을 곧장 가리켜 줌)의 가풍을 펼칠 수 있소.

　불법이 크게 흥성하는 시대에 불법을 크게 통달한 사람

이라면, 마땅히 선종에 따라 참구하는 게 좋겠소. 마치 용을 다 그려 놓은 상태에서, 한 점 눈동자만 그려 넣으면 즉시 하늘로 날아오르는 것과 같소. 그러나 불법이 쇠퇴한 때나, 타고난 근기가 다소 떨어지는 사람들은, 교법에 따라 수행하는 것이 마땅하오. 마치 보통 기술자가 기물을 만들면서 자와 컴퍼스를 팽개치면, 끝내 규격에 맞는 제품을 완성할 수 없는 것과 같소.

요즘 세상에 부처님 은혜를 갚고 중생들을 이롭게 하고 싶다면, 선종에서는 선종의 가풍을 오로지 펼치면서 교종의 법인(法印)도 모름지기 존중해야 하며, 교종에서는 관행(觀行)을 힘써 닦으면서 선종의 말을 남용하지 말아야 하오. 진실로 마음이 미묘한 도리[妙諦]에 통달하면, 인연 만나는 대로 바로 선종이 된다오.

뜰의 잣나무, 마른 똥 막대기, 거위 울음소리, 까치 지저귐, 물이 흐르고 꽃이 피며, 기침하고 침 뱉으며, 비웃거나 욕설하는 등의 모든 법과 사물이, 한결같이 선종이 되어 왔소. 그런데 어찌하여 여래께서 황금 입으로 친히 설하신, 원만하고 미묘한 법문이 도리어 선종이 될 수 없단 말이오?

어찌하여 남의 집의 보잘것없는 막대기를 빌려 자기 집 문중을 떠받치며, 자기 집에 있는 아름답고 훌륭한 나무들은 쓰지 않고 내버린단 말이오? 법 자체는 본디 우열이 없

어, 오직 하나의 도[一道]로 항상스럽다오. 그러나 중생의 근
기는 설기도 하고 무르익기도 하여, 비록 하나의 법[一法]이
라도 그로부터 얻는 이익은 달라질 수밖에 없소. 이 점을 잘
명심해야 하오

오로지 부처님 힘에
의지하길 권함

           나는 서쪽에서 동쪽으로, 다시 북에서 남으로 1만여 리를 왕래하면서, 수없이 많은 사람을 보아 왔소. 그 가운데 평소 스스로 참선이나 교법에 통달했다고 자부하며, 정토 법문을 마치 오물처럼 여기고, 행여 자신을 더럽힐까 꺼리던 사람들이 많았소. 그런데 그들이 임종에는 대부분 손발을 어지럽게 휘저으며, 아버지 어머니를 부르는 걸 많이 목격하였소. 반대로 착실하고 차분히 계율을 지키면서 염불하던 사람들은, 설령 믿음과 발원이 지극하지 못해 상서로운 모습까지 나타나지는 않았을지라도, 모두 평안히 운명하였소.

    그 까닭은 무엇이겠소? 본디 맑고 깨끗하던 마음의 물이 분별로 말미암아 출렁거리고 흐려지며, 또 의식의 파동이 거세게 용솟음쳐 흩어지다가도, 부처님 명호로 말미암아 맑고 고요하게 응집하기 때문이라오. 그래서 지혜롭다고 잘난

체하는 사람이, 어리석은 듯 전념하는 이만 못하다오. 기교를 부리기에 도리어 형편없이 되고 마는 것이오. (^{교묘한 속임}수가 졸렬한 정성만 못하다.(巧詐不如拙誠)"는 중국속담이 이에 적확히 부합하는 명언이다.)

부처님께서 설하신 일체의 대소승과 권실(權實) 법문은, 모두 모름지기 자기의 공덕과 힘에 의지하여 미혹을 끊고 진리를 증득해야, 바야흐로 생사윤회를 벗어날 수 있소. 만약 미혹과 업장이 터럭 끝만큼이라도 남아 있다면, 결정코 생사고해를 벗어나기 어렵소. 그래서 한 생에서 다음 생으로 오랜 겁을 거치며 수행하는데, 개중에는 역량이 충분하여 후퇴 없는 용맹 정진으로 해탈할 수 있는 이도 있겠지요.

그러나 대부분은 언뜻 깨달은 듯하다가 이내 미혹하고, 잠시 전진하는 듯하다가 오래 후퇴하며, 영겁토록 벗어날 기약 없이 윤회하고 있다오. 나와 그대들이 오늘까지 아직 범부 중생인 까닭은, 모두 상중하 세 근기가 두루 가피를 입을 수 있으면서도 지극히 원만하고 재빠른 정토 법문을 모르고 있었기 때문이오.

『능엄경(楞嚴經)』은 정토 법문을 모르는 자가 읽으면 정토 법문을 파괴하는 일등 공신이 되고, 반대로 정토 법문을 아는 자가 읽으면 정토 법문을 크게 떨치는 훌륭한 전도자가 되오. 왜 이런 말을 하는가 하면, 자기 힘으로 도를 깨닫기는 몹시 어려운데, 정토 염불로 극락왕생하기는 매우 쉽기 때문이오.

열 가지 법계[十法界: 불·보살·벽지불·성문과 六道 중생]의 인과 법칙은 하나하나 분명하오. 만약 부처님의 힘에 의지하지 않는다면, 비록 한둘만 몰래 깨뜨려도, 악마에 들려 미쳐 날뛰고 지옥의 씨를 심게 되오. 그런데 24가지 원통(圓通)[6] 공부를, 요즘 세상에 누가 다 닦아 익힐 수 있겠소?

오직 자식이 어머니를 그리워하는 듯한[如子憶母] 염불 법문만이, 마음을 지닌 모든 중생이 받들어 수행할 수 있다오. 단지 깨끗한 염두만 계속 이어진다면[淨念相繼], 저절로 (염불) 삼매를 몸소 증득할 수 있기 때문이오. 좋고 나쁨을 분간할 줄 아는 사람이 (『능엄경』의) 이 법문을 읽는다면, 누가 감히 오직 힘만 믿고 내세우며, 부처님 힘에 의지하지 않으려고 하겠소? 물론 좋고 나쁨을 모르는 자라면, 정반대일 것이오.

---

6 스물다섯 가지 원통[二十五 圓通]: 법성(法性)의 실질에 원만히 통달함을 '원통(圓通)'이라고 부른다. 중생의 근기와 인연이 천차만별이기 때문에, 원통을 얻고자 함에도 각종 다른 방법에 의지해야 한다. 부처님께서 능엄회상(楞嚴會上)에서 여러 보살과 성문 제자들에게, 각자 무슨 법문을 바탕으로 원통을 얻었는지 물으셨다. 이에 보살과 성문 제자들이 각자 스스로 원통을 얻은 근본 법문을 대답하오였는데, 모두 25가지가 펼쳐졌다. 바로 6진(塵)과 6근(根)과 6식(識)과 7대(大)를 각각 대표하는 방법인데, 여기서 24가지로 언급하는 것은, 염불법문과 직접 연관 있는 대세지보살의 수행 방법을 바로 뒤에 따로 소개하기 때문이다.

단지 박학통달한 대가가 되기를 원할 뿐, 생사 해탈에는 별 관심이 없기 때문이오.

무릇 수행 공부에 힘쓰는 것은, 본디 생사를 해탈하기 위함이오. 혼자 실컷 공부해도 생사를 끝마칠 수 없음이 분명한데도, 아직도 생사를 해탈할 수 있는 법문에 의지해 수행할 생각이 없다면, 이야말로 황금을 내버리고 깨를 짊어지는 어리석은 짓이 아니겠소?

참선 공부를 하여 설령 확철대오했다 할지라도, 예컨대 오조(五祖) 사계(師戒) 선사나 초당(草堂) 선청(善淸) 선사나 진여(眞如) 모철(慕喆) 선사나 단애(斷崖) 료의(了義 1265~1334) 선사 같은 대가들도, 오히려 생사를 해탈하지 못했다오. 그리하여 다시 다음 생을 받는 날이면 도리어 후퇴하여 미혹하고 마니, 전생에 비해서도 크게 못 미치는 경우가 대부분이오. 하물며 우리 같은 범부야 말할 게 있겠소?

정토 법문은 여래께서 중생들을 두루 제도하기 위해서 특별히 베푸신 까닭에, 가장 원만하고 빠르며, 가장 넓고도 간단하며 쉬운 지름길이라오. 무슨 근거로 이렇게 말하겠소? 그밖의 일체 법문은 모두 보고 생각하는 두 미혹[見思二惑]을 완전히 끊어야, 비로소 생사를 벗어날 수 있기 때문이오. 보는 미혹[見惑]만 완전히 끊기도, 폭이 40리나 되는 큰 강물 흐름을 차단하는 것만큼 어려운데, 하물며 생각하는 미혹[思惑]까지 끊기야 오였는데, 모두 25가지가 펼쳐졌다. 바로 6진(塵)과 6근(根)과 6식(識)과 7대(大)를 각각 대표하는 방법인데, 여기서 24가지로 언급하는 것은, 염불법문과 직접 연관 있는 대세지보살의 수행 방법을 바로 뒤에 따로 소개하기 때문이다.죽하겠소?

보는 미혹을 완전히 끊으면 초과(初果: 수다원)를 증득하는데, 원교(圓敎)로 치면 초신(初信)에 해당하오. 생각하는 미혹까지 완전히 끊어야 사과(四果: 아라한)를 증득하게 되는데, 원교로는 칠신(七信)에 해당하오. 초과나 초신의 수준에서는 아직 생사윤회가 있고, 사과나 칠신의 경지에 이르러야만 비로소 생사를 끝마치게 되오.

천태(天台) 지자(智者) 대사는 오품(五品)[7]에 거주함을 보이셨소. 비록 깨달음이 부처와 똑같고 오주번뇌(五住煩惱)[8]를 원

---

7 오품(五品):『법화경(法華經)』「분별공덕품(分別功德品)」에서, 여래 열반 후 제자들의 공덕을 다섯 품위로 나누어 설하신 것으로, 원교의 8위(八位)에 해당하며, 천태 대사가 현생에 이 오품 지위에 올랐다고 한다. ① 수희품(隨喜品: 實相의 법을 듣고 보고 이해하여 기뻐함), ② 독송품(讀誦品), ③ 설법품(說法品), ④ 겸행육도품(兼行六度品), ⑤ 정행육도품(正行六度品)

8 오주번뇌(五住煩惱): 잔가지 번뇌를 낳는 근본 번뇌 다섯 가지로, 흔히 오주지(五住地)라 함. ① 견일처주지(見一處住地: 欲·色·無色 三界의 見惑), ② 욕애주지(欲愛住地: 욕계의 번뇌 중 見惑과 無明을 제외한 번뇌로, 애착이 가장 중대하여 붙인 이름), ③ 색애주지(色愛住地: 색계의 번뇌 중 見惑과 無明을 제외한 번뇌), ④ 유애주지(有愛住地: 무색계의 번뇌 중 견혹과 무명을 제외한 번뇌), ⑤ 무명주지(無明住地: 삼계의 모든 무명, 어리석음의

만히 조복시켰지만, 보는 미혹[見惑]조차도 오히려 일찍이 끊은 적이 없다오. 그렇지만 지자 대사의 본래 경지는 실제로 헤아릴 수가 없소. 임종에 단지 "오품에 오른 것은, 말세의 수행자들이 미혹을 끊어 진리를 증득[斷惑證眞]하는 데까지는 힘쓰지 않고, 오직 마음을 밝혀 성품을 보는[明心見性] 것을 최고 궁극의 경지로 여길까 몹시 염려하기 때문이다."라고만 말씀하셨소.

무릇 마음을 밝혀 성품을 보는 것[明心見性]은, 이른바 확철대오를 가리키오. 만약 최상상(最上上)의 근기라서 깨닫는 즉시 증득까지 한다면, 동시에 생사까지 해탈할 수 있을 것이오. 그렇지 않다면, 설령 미래세를 죄다 훤히 알지라도, 오히려 다음 생 받는 것을 피할 길이 없소.

오조(五祖) 사계(師戒) 선사가 소동파(蘇東坡)로 태어나고, 초당(草堂) 선청(善淸) 선사가 노공(魯公)으로 다시 태어난 것은, 그래도 괜찮은 편이오. 그러나 해인(海印) 신(信) 선사가 주방어(朱防禦)의 딸로 태어난 것은 이미 참기 어려운 타락이오. 또 안탕(雁蕩) 스님이 진회(秦檜)[9]로 태어난 것은, 정말 몹

本체로, 모든 번뇌의 근본임)

9 진회(秦檜: 1090~1155): 남송(南宋) 투항파의 대표 인물. 강녕(江寧: 지금의 南京) 출신으로, 정화(政和: 徽宗의 네 번째 연호. 1111~1117) 때 진사가 되고, 북송 말기에 어사중승(御史中丞)이 됨. 정강(靖康) 2년(1127) 포로로 금(金)나라에 끌려가 태종(太宗) 아우의 측근이 되었다가, 건염(建炎) 4년

시 불쌍하고 딱한 일이오.

얼마나 막심하게 어려운 줄 아오? 자기 힘으로 미혹을 끊고 진리를 증득하여 생사를 해탈하기가! 여래께서 한평생 설하신 보통의 수행 증득 교리는, 비록 법문이 여러 가지로 다양하지만, 미혹과 업장을 지니고 있으면서 생사윤회를 벗어날 수 있는 것은 절대로 없소.

오직 정토 법문 하나만이, 단지 진실한 믿음과 간절한 발원을 갖추고 지성으로 부처님 명호를 지송하여, 극락왕생하는 유일한 길이라오. 미혹과 업장이 얼마나 두텁고 무거운지를 가리지 않고, 수행 공부의 정도가 얼마나 깊고 내실이 있는지도 따지지 않으며, 임종 때 부처님의 자비력에 의지하여 업장을 그대로 짊어진 채 극락왕생하는 거라오.

일단 왕생하기만 하면, 그 즉시 범부를 뛰어 넘어 성인의 경지에 들고, 생사윤회를 이미 벗어나게 되오. 그때부터 점차 수행 정진하여 몸소 무생법인(無生法忍)을 증득하고, 부처님 과보까지 원만히 성취하게 된다오. 이것이 바로 여래께서 말세의 어리석고 열악한 근기의 중생들을 불쌍히 여기

(1130) 금군(金軍)을 따라 초주(楚州)까지 왔을 때 쫓겨났는데, 수비병사를 살해하고 배를 빼앗아 도망왔다고 거짓말하여 남송(南宋)에 빌붙음. 소흥(紹興: 高宗 두 번째 연호. 1131~1162) 때 두 번이나 재상이 되면서 19년간 집정함. 금(金)에 투항을 주장하며, 항전파 악비(岳飛)를 처단하고, 금(金)에 신하로 조공을 바치자고 화의(和議)를 주도하여, 백성들의 원한을 크게 삼.

시어, 누구나 현생에 생사윤회를 단박 벗어날 수 있도록 열어 놓으신 특별 법문이라오.

교리를 연구하는 이들은, 통상의 교리에 비추어 논단의 증거를 삼으며, 업장을 짊어진 채 왕생하는 사실을 믿지 않소. 항상 생사윤회 속에 머물면서, 중생 제도하는 것을 대단한 자부심과 긍지로 여긴다오. 한시 바삐 생사고해를 벗어나는 사람이 되기를 원하지 않는 것이오. 진흙으로 빚은 그릇이, 불에 굽기 전에 비를 맞으면 금방 풀어져 버리듯이, 번뇌와 미혹이 완전히 끊어지기 전에 다음 생을 윤회하면, (수행의 힘이 풀어져) 더욱 미혹해지는 이치를 모르기 때문이오. 그러면 자신도 이롭게 하기 어려운데, 어느 겨를에 남을 이롭게 교화하겠소.

이는 모두 자기의 공덕과 능력을 제대로 헤아리지 못하는 어리석은 범부 중생들이, 약간의 지혜만 갖춘 듯하면 곧바로 무슨 대단한 법신 대사(法身大士)나 되는 것처럼, 스스로 뻐기고 행세하는 것이라오. 그러다가 한 번 잘못 든 길이 영원한 잘못으로 빠지기 십상이오.

한편 선종을 참구하는 이들은 오로지 화두(話頭) 참구에만 몰두하여, 마음을 밝히고 성품을 보기[明心見性]만 바란다오. 근기가 조금만 떨어져도, 마음을 밝히고 성품을 보지 못하는 자가 거의 대부분이며, 설사 이미 마음을 밝히고 성품을 보았더라도, 미혹과 업장을 완전히 끊지 못하여 여전히 생사윤회를 계속하는 이가, 또 거의 전부라는 사실을 잘 모르기 때문이오. 오조 사계 선사나 초당 선청 선사나 해인 신 선사나 진여 모철 선사 등이 확실한 증인들이오.

오호라! 생사(生死) 문제는 너무도 중대하거늘, 어떻게 오로지 자기 힘만 믿고, 부처님 힘에 의지하지 않을 수 있단 말이오? 혹시라도 자신의 힘이 정말로 부처님 힘보다 뛰어나단 말이오? 무릇 일반 사람들의 처세조차도, 크게는 국가(왕조)를 창건하여 정통(正統)을 물려주는 일에서부터, 작게는 자기 한 몸 먹고 입는 데 이르기까지, 뭇 사람들의 힘에 의지하지 않고는, 스스로 이룰 수 있는 게 하나도 없지 않소?

그런데 생사같이 중대한 일에서, 비록 부처님의 힘이 있더라도, 의지하지 않겠다는 심사는 무슨 까닭이오? 특출한 자기 능력을 드러내어 맘껏 과시하다가, 끝내 어리석은 바보의 소굴로 떨어지고 싶은 것이오?! 그 뜻이 위대하고 가상하다 말해야 할지? 그런데 안타깝게도 그 위대함이 무얼 가리키는지 도무지 알 수가 없구려.

무릇 생사를 끝마치고자 한다면, 반드시 진실로 증명(증득)해야 하오. 만약 단지 깨닫기만 하고 증득하지 못했다면, 번뇌와 미혹이 아직 남아 있는 것이니, 더욱 크게 노력해야 하오. 그렇게 계속 전전긍긍하니 인연따라 단련해 가면서,

항상 깨어 관조(覺照)한다면, 마음가짐이 점차 성인의 지혜와 그윽이 합치하면서, 나와 남이나 시비를 분별하는 범부 감정이 생겨날 수 없으리다.

만약 깨어 관조하지 않으면, 여전히 범부의 감정이 치열하게 타오르게 되오. 수행 공부가 높을수록, 감정 견해도 더욱 무거워지는 법이오. 그래서 깨달음에서 다시 미혹으로 들어가는 퇴보도 피하기가 어렵소. 마치 잠에서 깨어났다가도, 일어나지 않고 누운 채 뒹굴다 보면, 다시 잠드는 것과 같다오.

옛 사람들은 "큰 일[生死]이 분명해지면, 마치 부모를 여읜 듯한다.[大事已明, 如喪考妣]"[10]고 말씀하셨소. 바로 번뇌와 미혹이 완전히 끊기지 않아, 혹시라도 다시 빠져 들까 두려워하기 때문이오. 미혹을 완전히 끊은 사람은, 범부의 감정이 전혀 없다는 사실을 알아야 하오. 범부의 감정이 전혀 없는데, 어떻게 생사윤회가 이어지겠소?

확철대오한 사람의 깨달음이 설령 부처와 같다 할지라도, 그 미혹은 아직 완전히 끊어진 게 아니라오. 따라서 반드시 한 생각 한 생각 또렷또렷 깨어 관조함으로써, 범부의

---

10 여상고비(如喪考妣): 본디 '아버지 어머니를 잃은 것처럼' 몹시 비통(悲痛)해 한다는 뜻이나, 다른 일은 돌보지 않고 오직 (부모 상례같이) 그 일에만 마음과 정신을 집중한다는 뜻으로 확장하였다.

감정으로 일을 처리하지 않도록 조심해야 한다오.

이 법문은 온전히 부처님 힘에 의지하오. 비유하자면, 절름발이 장정이 힘써 걸어야 하루에 고작 몇십 리 가겠지만, 만약 전륜성왕의 윤보(輪寶: 요즘의 제트기나 로케트로 상정해 보면 좋음)를 탄다면 잠깐 동안에 사주(四洲: 오대양 육대주를 상정하면 좋음)[11]를 두루 돌아다닐 수 있는 것과 같소. 이는 전륜성왕의 (복덕) 힘이지. 결코 자기의 능력이 아니오. 한평생 열심히 수행한 사람은 정말로 이와 같을 따름이오.

그리고 오역 십악(五逆十惡)을 지은 중대 죄인이라도, 임종 때 지옥의 모습이 나타나거든 뜻과 마음을 다해 염불하면, 곧장 부처님의 영접 인도를 받아 왕생할 수 있소. 정말로 부처님은 중생들을 모두 똑같은 한 자녀처럼 보시기 때문에, 착하고 순종하는 이만 자비롭게 보살필 뿐만 아니라, 거역과 죄악을 일삼는 자들에게도 연민의 정을 배로 느끼신다오. 자식이 아무리 불효막심하다가도, 한 순간 마음을 돌이켜 부모에게 찾아오면, 부모는 틀림없이 자비로이 맞이할 것이오.

자기 힘만 믿고 수행하여 미혹을 끊고 진리를 증득하기란 정말 쉽지 않소. 보는 미혹[見惑]만 끊기도 폭이 40리나 되

---

11 사주(四洲): 수미산(須彌山) 사방의 바다에 떠 있는 네 대륙. 우리 사바세계가 속해 있는 남섬부주(南贍部洲)를 비롯해, 동승신주(東勝神洲)·서우화주(西牛貨洲)·북구로주(北瞿盧洲)를 일컬음.

는 큰 강물 줄기를 가로막는 것처럼 어렵거늘, 하물며 생각하는 미혹[思惑]이야 말할 나위가 있겠소? 그렇게 보는 미혹을 완전히 끊어야, 겨우 초과(初果: 수다원)를 증득하여, 비로소 성인의 축에 낄 수 있소. 물론 그 후로도 일곱 번 천상에 생겨나고 일곱 번 지상 인간 세계에 태어나길 반복 왕래하며 수행하여야, 바야흐로 생각하는 미혹까지 완전히 끊어 사과(四果: 아라한)를 증득할 수 있다오.

비록 열네 번의 생사만 반복하면 된다고 하지만, 천상의 수명이 무척 길기 때문에, 우리 인간의 세월 개념으로 따지기가 정말 쉽지 않소. 초과를 증득한 성인이 생사를 벗어나기가 오히려 이처럼 어렵거늘, 하물며 미혹과 업장을 온통 갖춘 범부 중생은 오죽하겠소?

사과를 증득하여 아라한이 되어야만, 생사의 뿌리가 영원히 끊어져 육도 윤회를 벗어날 수 있다오. 그 후 대자비심을 발하여 세상에 다시 들어와 중생들을 제도하고 싶으면, 원력에 따라 생사를 나토어 보인다오.

미혹과 업장을 두루 갖춘 범부 중생들이, 선악의 업력에 이끌려 육도 중생계를 들락날락하면서, 터럭 끝만큼도 자신이 주인 노릇을 못하는 윤회와는 천양지차라오.

자기 힘으로 생사를 해탈하는 일은, 숙세의 선근(善根)이 몹시 깊고 두터운 사람이 아니면 불가능하오. 말세의 중생들이 어떻게 감히 넘볼 수 있겠소? 그래서 여래께서 특별히 정토 법문을 여시어, 성인이나 범부나 상중하 세 근기의 모든 중생들이, 모두 현생에 생사를 벗어나도록 배려하셨다오. 중생을 구제하고 보호하려는 자비심이, 이보다 더 지극할 수 있겠소?

물론 정토 법문 수행도 기본상으로 청정한 계율을 엄격히 지키고, 선정과 지혜를 힘써 닦아야 하오. 그 바탕 위에서, 믿음과 발원으로 부처님 명호를 지송하여 극락왕생을 바라는 것이오. 믿음과 발원이 진실하고 간절하며, 염력(念力: 염불하는 정신력)을 순수하고 오롯이 집중하면, 현생에도 성인의 경지를 증득할 수 있고, 임종 때 곧장 최상품의 연화에 올라 불퇴전(不退轉: 아비발치)의 보살 지위에 들게 된다오.

설령 근기가 다소 뒤떨어져 이렇게까지 수행 증득할 수는 없다 할지라도, 단지 지성스런 마음으로 염불하기만 하면, 자기 마음이 부처와 서로 딱 들어맞아 감응의 길이 트이게 되고, 임종에 틀림없이 부처님의 자비로운 인도로 업장을 짊어진 채 왕생하게 된다오.

또 최하의 오역 십악(五逆十惡) 죄인이라도, 임종에 지옥의 모습이 나타날 때 정신과 의식을 잃지 말고, 선지식이 염불을 가르쳐 주거든 커다란 두려움과 부끄러움으로 깊이 참회하면서, 간절하게 염불하시오. 그러면 고작 몇 번의 염불 소리와 함께 목숨이 끊어질지라도, 부처님의 자비로운 가피력으로 극락왕생할 수 있다오.

누구든 한 번 왕생만 하면, 생사윤회를 영원히 벗어나 연지해회성중(蓮池海會聖衆)에 동참하고, 점차 수행 정진하여 반드시 부처의 과보를 증득하게 된다오. 자기 힘에 의지하여 생사를 벗어나기는 그렇게도 어렵고, 부처님의 힘에 의지해 생사를 해탈하기는 이처럼 쉽소.

누구든 마음만 있으면 모두 염불할 수 있고, 모두 극락왕생할 수 있소. 혈기와 성품을 지닌 만물의 영장이라면, 누구든 본디 갖추고 태어난 진여불성(眞如佛性)으로, 청정한 깨달음의 인연을 등지고 혼탁한 미혹의 인연에만 이끌려 가면서, 영겁토록 육도 중생계를 벗어나지 못하고 계속 윤회하고 싶지는 않을 것이오.

우리들이 생사윤회 중에 오랜 겁 동안 지어온 악업은 끝없이 많소. 만약 자기 수행의 힘에만 의지해, 그 번뇌와 미혹의 악업을 모두 소멸시키고 생사를 해탈하려고 한다면, 이는 하늘에 오르기보다 훨씬 더 어렵소.

그러나 부처님께서 설하신 정토 법문을 믿고, 진실한 믿음과 간절한 발원으로 아미타불 명호를 염송하여 극락왕생을 구한다면, 업력의 크고 작음을 가리지 않고, 누구나 모두 부처님의 자비력에 의지해 왕생할 수 있소.

비유하자면, 한 톨의 모래알은 제아무리 작고 가벼워도, 물에 넣으면 곧장 가라앉고 마오. 그러나 설령 수천 근이나 나가는 무거운 암석이라도 큰 배에 실으면, 물속에 가라앉지 않을 뿐만 아니라, 다른 먼 곳까지 운반하여 마음대로 사용할 수 있소. 암석은 중생의 업력이 몹시 크고 무거움을 비유하고, 큰 배는 아미타불의 자비력이 매우 크고 넓음을 비유하오.

만약 염불하지 않고 자기의 수행력에 의지해서 생사를 해탈하려 든다면, 모름지기 업장이 다 소멸하고 감정이 텅 빈 경지에 이르러야, 비로소 가능할 것이오. 그렇지 못하고 번뇌나 미혹이 터럭 끝만큼만 남아 있어도, 생사고해를 벗어날 수 없소. 마치 제아무리 미세하고 가벼운 흙먼지라도, 반드시 물속에 가라앉으며, 결코 물 밖(위)으로 벗어날(뜰) 수 없는 것과 같다오.

그러니 오직 믿음을 가지고 염불하여 극락왕생하길 구하고, 다른 생각일랑 아예 품지도 마시오. 정말 이렇게만 한다면, 아무리 중병에 걸린 환자라도, 수명이 아직 다하지 않았으면, 빨리 나을 것이오. 오로지 일념으로 지성스럽게 염불한 공덕이, 숙세의 악업을 소멸시켜 주기 때문이오. 마치 찬란한 태양이 떠오르면, 서리가 이내 녹아 없어지는 것과 비슷하오.

또 환자의 수명이 다 되었다면, 곧장 극락왕생할 것이오.

마음에 다른 생각을 품지 않고 오롯이 염불한 공덕으로, 부처님과 감응의 길이 트여 부처님의 자비력을 가피 받기 때문이오. 이 말만 믿고 따른다면, 살아도 큰 이익을 얻고, 설사 죽더라도 역시 큰 이익을 받을 것이오.

지금 세상은 환난과 재앙이 끊임없이 발생하는 말세요. 만약 아미타불과 관세음보살을 믿고 의지하며 늘 염송하지 않는다면, 환난이 갑자기 닥쳐 예측할 수 없는 일이 벌어지는 경우에, 어떻게 하겠소? 발등에 불이 떨어진 뒤 부랴부랴 불러대 봤자, 그때는 이미 어찌할 수가 없다오.[12]

평소에 미리 염송을 지속한다면, 틀림없이 은연중에 환난이 옮아가거나 풀릴 것이오. 하물며 생사의 기로는 사람마다 반드시 맞이해야 할 운명이거늘, 항상 임종을 생각하는 습관을 지녀야 하지 않겠소?

분수에 어긋나는 일체의 잡념망상이나, 생사해탈에 도움이 될 수 없는 잡다한 법문일랑, 일찌감치 집어치우시오. 그런 데다 시간과 정신력을 낭비하지 않는 게 상책이오. 그래야 확실히 의지하여 생사를 해탈할 수 있는 이 정토 염불 법문의 수행에, 소홀함 없이 전념할 수 있기 때문이오. 이 말이 세상 물정에 어두운 고리타분한 이야기라고 여기지 않

---

12 중국 속담에 "평소에는 향도 사르지 않다가, 급할 때에는 부처님 발을 껴안는다.[平時不燒香, 急時抱佛脚.]"는 명언이 있다.

는다면, 정말 다행이겠소.

염불하는 사람이 병에 들거든, 두려워 말고 한 마음으로 죽음을 기다리는[一心待死] 자세가 마땅하오. 그리고 자신과 가족·세간을 온통 다 놓아 버리고 일심으로 염불하여야, 업장을 가장 잘 소멸시킬 수 있소. 그래서 만약 세간의 수명이 아직 다하지 않았으면, 업장의 소멸로 병도 금방 낫게 될 것이오. 그러나 모든 세상 인연을 놓아버리지 못하고 그저 낫기만 바란다면, 병이 호전하지 못하는 경우 틀림없이 극락왕생도 못할 것이오. 왜냐하면 가장 긴요한 임종에 왕생을 발원하지 않았기 때문이오. 이러한 도리(道理)조차 제대로 알지 못하면서, 어떻게 부처님의 자비 가피력을 받아 의지할 수 있겠소?

그러니 질병이 위독할수록, 환자에게 모든 것을 놓아버리고 극락왕생을 구하도록 간곡히 권해야 한다오. 그래야 수명이 아직 다하지 않은 경우, 왕생을 구하는 간절한 염불 덕분에 질병이 재빨리 나을 수 있다오. 염불하는 마음이 하도 지성스러워, 부처님의 자비 가피력을 듬뿍 얻기 때문이오. 이러한 이치를 환자에게 완곡히 말해 주어, 혹시라도 바보들이 지껄이는 어리석은 말을 절대 따르지 않도록 조심하기 바라오.

임종이 몹시 중요하고
절실함을 알림

　　　　　　　　　　임종의 순간이 인생에서 가장
요긴한 관건이라오. 세상의 어리석은 사람들은 부모나 친족
들의 임종 때 정신없이 비통하게 울고불며, 우선 당장 시신
을 씻기고 옷을 갈아입히는 일부터 하기 일쑤요. 단지 세상
사람 보기 좋으라는 체면만 생각했지, 돌아가신 분께 얼마
나 큰 해악을 끼치는지는 고려하지 않는 것이오. 염불 수행
을 하지 않는 자들이야 놓아 둡시다. 하지만 극락왕생에 간
절한 뜻을 둔 수행자조차, 임종에 친족들의 무지한 소행으
로 거의 대부분 정념(正念)이 부서지고 흐트러져, 여전히 이
사바 고해에 머물러야 한다면, 얼마나 통탄할 일이겠소?

　임종에 염불로 도와 주는 일[臨終助念]은, 마치 겁 많은 사
람이 산에 올라가는데 자기 힘이 부쳐 헐떡거릴 때, 다행히
주위에 있던 착한 사람들이 앞에서 끌고 뒤에서 밀며 좌우
에서 부축해 준 덕택으로, 무사히 정상까지 이르는 것에 비

유할 수 있소.

반면 임종에 본인의 정념(正念)이 밝게 드러나는데, 불행히 악마 권속들이 그릇된 세속 애정으로 몸을 만지고 움직여, 그 정념을 파괴하는 일은 어떻겠소? 마치 힘센 용사가 자기 힘으로 혼자 충분히 산에 오를 수 있는데, 가족이나 친지들이 각각 자신의 물건(업장)을 그에게 함께 짊어지고 올라가라고 얹어 주어, 지나친 하중 때문에 힘이 다 빠지고 지쳐버려, 결국 정상을 눈앞에 둔 채 물러 내려 와야 하는 상황에 비유할 수 있겠소.

물론 이러한 상반된 이해득실은, 표면상으로는 다른 사람으로 말미암아 벌어지는 듯하오. 하지만 실질상으로는 죽음을 맞이하는 본인 자신이, 과거 오랜 겁 동안 다른 사람의 선악을 완성시키거나 파괴시켜 온 업력 때문에, 돌려받는 결과일 따름이오.

그러므로 무릇 정토 염불을 수행하는 사람은, 다른 사람들의 정념이 원만히 완성되도록 도와주어야 함은 물론, 평소부터 가족 친지들에게 임종 때 조치의 이해득실을 잘 주지시킬 필요가 있소. 그래서 중요한 것은, 죽는 이의 정신의식[神識]이 제자리를 제대로 찾아가는 일이며, 결코 세상 주위 사람들에게 잘 보이기 위한 체면이 아니라는 사실을 분명히 알도록 해야 하오. 그래야 임종의 큰 일이 어그러질 염려가 없게 되오.

7 · 7(7×7)의 49재(齋) 기간 중에는, 어떤 시간과 장소를 막론하고, 모든 일에 한결같이 염불을 중심으로 삼아야 하오. 어찌 꼭 장례 치르는 동안뿐이겠소? 요즘의 스님들은 대부분 게을러져서, 경전 독송[誦經]을 할 줄 모르는 이가 많소. 그렇지 않은 스님은 물 흐르듯 빨리 하거나, 아니면 하더라도 익숙하지 못해, 함께 따라 할 수 없는 경우가 대부분이오. 설령 수십 명의 스님이 모이더라도, 경전 독송할 줄 아는 이는 몇 안 되오.

오직 염불만큼은, 할 마음을 내지 않는 경우를 제외하고는, 누구든지 함께 염송할 수 없는 폐단이 결코 없소. 또 설령 염송하고 싶지 않은 자라도, '나무 아미타불' 명호 한 구절이 귀로 들어가 마음에 닿으면, 스스로 얻어지는 이익도 또한 결코 적지 않소. 그래서 나는 죽은 이를 위해서, 염불 이외의 다른 도량(道場: 법회)은 열어주기를 전혀 주장하지 않는 것이오.

사람이 임종에 닥치면, 오직 한 목소리로 염불해 주는 것이 가장 유익하오. 만약 마음의식이 아직 완전히 떠나가기 이전에 시신을 목욕시키고 (이른바 소렴: 小殮) 통곡 따위를 하면, 아주 큰 장애가 된다오.

그래서 정토 법문을 수행하는 사람은, 모름지기 평소에 가족들에게 이러한 이치와 까닭을 상세히 일러두어야 하오.

156

가장 중요한 시각에 애정을 잘못 발휘하여, 극락왕생을 방해하는 일이 없도록 하기 위해서라오. 물론 능력이 아주 뛰어난 대인이나 비범한 호걸이야, 이러한 애정의 장애에도 걸려 넘어지지 않을 것이오.

불법은 아주 크고도 넓어서, 오직 부처가 된 다음에야 비로소 손을 놓을 수가 있소. (부모 조상들께서) 틀림없이 극락왕생하길 바란다면, 항상 간절히 염불하여 천도(薦度)를 회향 기도해 드려도 괜찮소. 바로 불경에서 말씀하신 대로, "비록 죄악의 성품이 본래 텅 빈 줄은 알지만, 항상 이전의 죄를 참회하며, 이미 (죄가 다 소멸하여) 청정함을 얻었다고 말하지는 않는다[雖知罪性本空, 而常悔先罪, 不說已得淸淨.]."는 뜻이오.

그래서 연지(蓮池) 대사도 "1년 내내 항상 선망(先亡) 부모 조상들을 천도해 드려야 하며, 이미 해탈을 얻으셨다고 자부하고 천도재를 행하지 않아서는 안 된다."고 말씀하셨소.

우리는 흔히 염불이나 경전 독송이 '조상 천도를 위한다.'고 말하오. 하지만 사실은 현재 생존하고 있는 가족 친지들도 동시에 위한다는 사실을 분명히 알고서, 마음자리를 활짝 열고 착한 뿌리[善根]를 열심히 심어야 한다오. 그리고 조상 천도의 일체 공덕을 법계의 모든 중생들에게 회향 기도해야 하오.

나와 남, 산 자와 죽은 이를 모두 위하는 크고 넓은 마음 도량으로, 나와 남, 산 자와 죽은 이의 분별 집착을 소멸시키는 것일 따름이오. 그러나 정성을 다하지 않은 채, 오직 호화 사치로 다른 사람들에게 체면치레하거나 부귀를 과시해서는 안 되오. 부모상[親喪]을 이른바 한바탕 잔치쯤으로 치르는 것은, 절대 자식된 도리가 아니라오.

부모의 몸에 중한 병이 닥쳐 생존을 보장하기 어려운 때에는, 자녀들이 각자 부모를 위해 지성으로 '나무 아미타불'을 염송해야 하오. 그래서 수명이 아직 다하지 않았거든 빨리 나으시고, 수명이 이미 다했거든 빨리 극락왕생하실 수 있도록 회향 기도해 드려야 하오.

자녀들의 심성이 효성스럽고 순박하다면, 반드시 모두 머리카락에 붙은 불을 끄는 심정으로, 항상 나무 아미타불을 지송할 것이오. 그러면 병석에 있는 부모에게도 유익할 뿐만 아니라, 염불하는 자녀 본인들에게도 아주 이롭소.

무릇 사람이 약으로 치료할 수 있는 질병에 걸린 경우까지, 모두 절대로 약을 쓰지 말라는 뜻은 아니오. 그러나 약으로 치료할 수 없는 경우에는, 비록 선단(仙丹)이라도 소용이 없는데, 하물며 인간 세상의 약이 들겠소? 치료할 수 있는 병이든 불치의 병이든, 모두 아가타약(阿伽陀藥)[13]을 복용

---

13 아가타(阿伽陀): 아게타(阿揭陀)로도 쓰는 약 이름으로, 뜻으로 번역하면 보거(普去: 모든 병을 제거함)·무가(無價: 가치를 셈할 수 없이 고귀

해야 좋소. 이 약은 절대로 사람을 해치거나 그르치는 법이 없소. 복용하기만 하면, 몸으로든 마음으로든 반드시 큰 효험을 볼 것이오.

그러나 어쨌든 사람이면 누구나 이 세상에서 조만간 반드시 한 번 죽음을 맞이해야 하오. 그런 죽음 자체야 안타까워할 게 못 되지만, 죽은 뒤 돌아가야 할 곳조차 미리 잘 정돈해 두지 않을 수야 없지 않소? 자기 능력이 충분하여 스스로 미리 잘 준비 정돈해 놓는다면, 임종에 다른 사람의 도움이 필요하지도 않을 것이니 가장 좋겠소. 그런데 주위에서 도와주기까지 한다면, 더욱 힘을 얻을 것이오.

그러나 자신의 능력이 없는 사람은, 사전에 가족들에게 대신 염불해 주도록 당부하여야 마땅하리다. 가족들의 염불 도움으로라도 정념(正念)을 또렷이 세워 지켜야, 애정과 원한의 굴레에 얽매여 사바 고해를 벗어나지 못하는 불상사가 생기지 않을 수 있기 때문이오.

환자의 쾌유와 망자(亡者) 천도를 위한 기도에, 요즘 사람들은 대부분 경전 독송[誦經]이나 예불 참회(禮懺) 또는 수륙재(水陸齋)¹⁴를 일삼는 듯하오. 그러나 나는 아는 사람들에게

함)·무병(無病)이 되며, 더러 불사약(不死藥: 죽지 않는 약)으로 일컫기도 함. 이른바 만병통치약. 여기서는 물론 '나무 아미타불' 염불을 뜻함.

14 수륙재(水陸齋): 수륙의 모든 유정(有情) 중생들에게 재식(齋食: 몸과 마음

모두 염불을 하라고 권한다오. 염불의 이익이 경전 독송이
나 예불 참회 또는 수륙재보다 훨씬 크고 많기 때문이오. 왜
이렇게 말하겠소?

경전은 글자를 모르는 사람은 독송할 수가 없소. 설사 글
자를 안다고 할지라도, 흐르는 물처럼 빨리 독송하면, 혀가
좀 둔하고 느린 사람은 역시 함께 따라 독송하기가 어렵소.
게으르고 성의 없는 사람은, 비록 독송할 줄 알아도 독송하려
들지 않기 때문에, 유명무실(有名無實)해지오. 예불 참회와 수
륙재도, 마찬가지 이치로 미루어 짐작할 수 있을 게오.

그러나 염불은 할 수 없는 사람이 하나도 없소. 설사 게
으러빠지고 성의 없는 사람이 함께 따라 염불하고 싶지 않
더라도, 모두가 이구동성으로 염불하면, 그 사람이 귀만 틀
어막지 않는 한, '나무 아미타불' 명호 한 구절이 진실로 또
렷또렷 분명히 그의 마음속에 깊이 울려 새겨질 것이오.

비록 본인이 스스로 염불하지 않는다고 할지라도, 결국

을 청정히 가다듬어 올리는 음식)을 공양하는 법회를 보통 '수륙'이라고
함. 양(梁) 무제(武帝)의 꿈에 한 신령스런 스님이 나타나, "육도의 네 종
류 모든 중생이 무한한 고통을 받고 있는데, 어찌 수륙의 중생들을 두루
제도하지 않는가!"라고 권하여, 무제가 경전에서 아난이 귀왕을 만나 한
가마 곡식 공양 올린다는 내용을 찾아, 금산사(金山寺)에서 처음으로 실
시했다고 전해짐. 신선에게는 흐르는 물에 음식을 공양하고, 귀신에게는
깨끗한 땅에 음식을 공양하는 뜻에서 '수륙(水陸)'이라고 함.

염불하는 것과 별 차이가 없게 되오. 마치 난초 가까이에 있어 향기가 물씬 배인 사람은, 몸에서 그윽한 난초 향기가 풍겨 나오는 것과 같소. 그가 특별히 난초 향기를 풍기고 싶어서가 아니라, 자기도 모르게 저절로 그렇게 되는 것이오. 친족의 질병 쾌유나 망자의 천도를 위해 기도하려는 사람들은, 누구나 꼭 이 점을 알아 두어야 하오. (옮긴이 보충: 念佛의 통일 조화, 음악적인 화성(和聲: harmony)이 가져오는 상승(시너지) 효과를 주목하는 중요한 내용임. 소리의 파동이 정확히 일치하여 공명(共鳴) 동조(同調)할 때, 그 진동은 몇 배로 증폭하고 웅장한 감명을 자아내지 않는가? 염불 합창의 장엄 정토.)

불사(佛事)를 할 때, 꼭 경전 독송이나 예불 참회 또는 수륙재를 할 필요는 없소. 이러한 일들은 대부분 밖으로 남에게 잘 보이려는 의식의 성향이 강하오. 오로지 한 마음으로 염불에 집중하는 것이 가장 좋소. 집안의 남자들은 처음부터 끝까지 법회에 참석하여 함께 염불하도록 하며, 여인들은 스님 뒷자리에 따라서지 말고, 각자 자기 방 안에서 함께 염불하면 되오.

이와 같이 한다면, 집안의 어른과 가족 모두 실제 이익을 얻을 뿐만 아니라, 염불하러 오신 스님이나 주위에서 보고 듣는 사람 모두 이익을 얻게 된다오. 무릇 불사를 거행할 때, 주인이 법단(法壇)에 몸소 정성껏 임한다면, 스님도 저절로 진실한 마음을 내게 되오. 그러나 주인이 그저 형식적인 체면치레로나 여긴다면, 스님 또한 의례적인 법회 참석 정도로 대하게 되오. 그래서 한 바탕 불사 의식이 끝나고, 밤에 입으로 불꽃을 품는 아귀들에게 음식이나 놓아 주면 다 되는 것으로 생각한다오.[15]

부모님의 임종 때는, 온 가족이 울지 않고 함께 염불할 수 있으면 가장 유익하오. 그리고 그 시간은 짧아도 세 시간 동안은 염불 소리가 끊이지 않게 계속하며, 통곡이나 시신 접촉 따위는 절대 하지 않는 것이 가장 중요하니 명심하시오.

설사 돌아가신 분께서 진실로 극락왕생하신 게 확실하더라도, 지성으로 염불하여 높은 품계의 연화로 승진하고, 한시라도 빨리 무생법인을 증득하도록, 효성스런 마음을 다해야 하오. 우리가 비록 돌아가신 분을 이롭게 하기 위해 염

15 방염구(放焰口): 아난이 혼자 정좌(靜坐)하다가, 한밤중[三更]에 염구(焰口)라는 아귀를 보았다. 몸은 빼쩍 마르고 목구멍은 바늘귀처럼 가는데, 입에 불꽃을 품으며 아난에게 사흘 후 목숨이 다해 아귀로 생겨날 것이라고 말하는 것이었다. 아난이 두려워하며 피할 방법을 묻자, 아귀가 "그대가 내일 우리들 백천 아귀와 바라문·선인(仙人) 등을 위해 각각 한 가마니 곡식을 보시하고, 우리를 위해 삼보께 공양을 올려 주면, 그대 수명이 늘어나고 나중에 천상에 나게 된다."고 일러 주었다. 이에 아난이 부처님께 여쭙자, 부처님께서 아귀들에게 무량 백천 음식 보시를 충족시킬 수 있는 다라니를 설해 주었다고 한다. '염구'는 '면연(面然)'이라고도 한다. 『(불설구발)염구아귀(다라니)경(佛說救拔焰口餓鬼陀羅尼經)』에 나온다. 스님이 법회[佛事] 후 아귀들에게 음식 보시하는 것을 '방염구'라고 한다.

불하지만, 사실은 염불하는 자손들도 함께 착한 뿌리를 심는 것이라오. 그러므로 손자들도 염불할 수 있는 사람은 모두 함께 따라 하는 것이 좋소.

사람이 죽기 전에, 본인 스스로 목욕하고 옷을 갈아입을 수 있으면 아주 좋소. 만약 그럴 수 없는 경우에는, 절대 억지로 미리 목욕하고 옷을 갈아입게 하지 마시오. 한기(寒氣)와 고통을 받아 감당하지 못하고, 그만 정념(正念)을 잃을까 염려스럽기 때문이오. 더구나 법의(法衣)를 갖추어 입고 결가부좌(結跏趺坐)로 임종하지 못하는 것을 서운하게 여길 필요도 없소.

임종의 순간에는 단지 한 마음 한 소리로 염불하기만 하는 것이 가장 좋소. 목욕이나 옷 갈아입히기 따위의 법석을 절대로 떨지 말아야 하오. 만약 그런 법석을 떨면, 우물 속에 빠뜨리고 돌을 떨어뜨리는 격이 되니, 꼭 명심하기 바라오.

임종 때 삐쩍 여위고 질병으로 고통을 겪는 것은, 아마도 틀림없이 오랜 겁 동안 지어온 업장 탓이오. 본디 나중에 더욱 무겁게 받아야 할 과보가, 독실한 염불 수행 덕분에 현재의 가벼운 과보로 앞당겨져 나타나는 것이오. 그러므로 수행에 정진하여 몸이 날로 쇠약해졌다는 말은, 사리에 합당하지 않소. 뿐만 아니라, 아직 신심이 얕은 사람들은 그 말을 듣고 염불 수행에서 물러나지나 않을까 염려스럽기도 하오.

염불하는 사람은 틀림없이 업장을 해소할 수 있소. 그

업장이 당장 나타나는 것은, 장래 삼악도에 떨어질 악보가 현재의 병고로 앞당겨져 대체되기 때문임을 알아야 하오. 그래서 『금강경』에서도, "『금강경』을 지송한다고 남에게 업신여김을 당하는 사람은, 그 가벼운 모욕으로 말미암아 오랜 겁 동안 겪어야 할 삼악도의 고통이 대신 소멸한다."고 말씀하셨소.

그러니 임종의 자그만 병고로, 무량 겁 동안 지어온 업장의 악보가 소멸하여 극락왕생하는 것은, 정말로 얼마나 큰 다행이겠소? 도리를 전혀 알지 못하는 세간 사람들처럼, 수행으로 말미암아 질병을 얻고 죽음에까지 이르렀다는 헛소리는 하지 않아야 하오.

당나라 때 유명한 고승 현장(玄奘) 법사도 임종에 약간의 병고를 겪어, 마음속으로 자기가 번역한 경전에 혹시라도 잘못이 있지는 않나 의심했다오. 그러자 한 보살이 나타나, "그대의 전생 죄악 과보가 이 자그만 병고로 모두 소멸하였으니, 의심하지 말라."고 그를 위로했다오.

이러한 이치와 실례를 가지고, 임종에 병고를 겪는 염불 수행인들을 위안하고 격려해 줄 필요가 있소. 그래야 그가 원한이나 의심을 품지 않고 신심과 환희심에 넘쳐, 부처님의 자비 가피를 확실히 받을 수 있기 때문이오. 수명이 다하지 않았다면 하루 빨리 나을 것이고, 수명이 다했다면 편안히 극락왕생할 것이오.

무릇 사람이 질병으로 고통을 받을 때에는, 한 발짝 뒤로 물러나 생각해 보면, 한없이 편안하고 즐거워질 수 있소. 근래 도처에 천재지변과 전쟁 사고가 끊임없이 발생하는데도, 우리가 직접 당하지 않는 것만도 얼마나 큰 다행이오. 비록 질병으로 고통을 겪지만, 생사고해를 벗어나는 경책(警策)으로 삼을 수 있지요. 그러니 단지 감격스런 마음으로 수행에 정진하여, 스스로 진실한 이익을 얻어야 하지 않겠소?

그렇지 않고 하늘을 원망하며 남을 탓한다면, 숙세의 업장을 해소할 수 없을 뿐만 아니라, 하늘을 원망하며 남을 탓한 업장까지 더욱 가중할 것이오. 진실로 하늘을 원망하지도 않고 남을 탓하지도 않으면서, 청정한 마음으로 염불할 수만 있다면, 숙세의 업장은 끓는 물에 눈송이 녹듯이 말끔히 소멸할 것이오.

장례와 제사 때 음식은 모름지기 완전히 채식을 써야 하오. 세속의 관행에 따라 술과 고기를 써서는 절대 안 되오. 설령 뭘 모르는 사람이 그럴 필요가 없다고 우기거나 비웃어도, 그냥 못 들은 척하고 자기 원칙을 관철하면 되오. 특히 장례는 지나치게 떠벌려서는 안 되오.

불사(佛事)를 거행하려거든, 단지 지성으로 염불이나 하고, 그 밖의 다른 불사는 벌이지 마시오. 재력에 여유가 있으면, 공덕을 많이 지어 주는 것은 좋소. 하지만 경제상 여력이 없다면, 초상이나 원만히 잘 치르도록 하오. 절대로 체면치레하느라 억지로 비용을 끌어 대고, 나중에 궁핍을 당하거나 부담을 떠안을 필요는 없소.

사람이 한평생 사는 동안 하는 일들은, 모두 거짓으로 꾸밀 수 있소. 하지만 오직 죽음에 닥친 순간만큼은, 절대로 거짓으로 꾸밀 수가 없소. 하물며 세속 인연에 애착이나 미련의 감정이 전혀 없이, 기쁜 기색으로 평안히 앉아 흔연히 떠나간다면 오죽 좋겠소? 정토 염불 수행이 무르익지 않고서, 어떻게 그런 상서로운 임종을 맞이할 수 있겠소?

다만 온 집안 식구들이 돌아가신 분을 위해서 진지하게 염불해 드리길 바라오. 부처님께서 사람들에게 가르치시기를, 독경이나 주문 지송 염불 등의 모든 공덕은, 한결같이 법계 중생들을 위해 회향하라고 말씀하셨소. 평상시에 자기와 전혀 상관없는 법계 중생들을 위해 회향한다면, 하물며 부모님이 돌아가실 때 지극한 정성과 효심으로 염불하지 않겠소?

일체 중생을 위해 회향할 수 있다면, 불보살의 서원과 서로 부합하게 되오. 마치 한 방울의 물이 큰 바다에 흘러 들어가면, 곧장 큰 바다와 똑 같은 깊이와 넓이를 지니는 것과 비슷한 이치요. 그러나 바다에 흘러들어가지 못한다면, 한 방울의 물은 말할 것도 없고, 황하나 양자강조차도 바다와는 천양지차가 날 수밖에 없소.

그래서 무릇 부모나 일체 중생에게 베푸는 일이, 모두 결국 자기 복덕을 스스로 쌓는 것임을 알게 되오. 이러한 이치를 안다면, 효심이 있는 사람은 효심이 더욱 증대할 것이고, 효심이 없는 사람이라면 마땅히 효심을 일으켜야 하리다. 스님을 초청해 49재 염불을 올려드린다면 아주 좋겠소. 물론 형제자매 가족 모두 함께 따라 염불해야 하오. 부녀자들은 꼭 스님 뒤에 따라 서서 할 필요가 없소. 여러 날 계속 염불하다 보면 사람 감정이 친숙해져, 혹시라도 남들에게 오해나 의심을 살까 염려스럽기 때문이오. 부녀자들은 따로 한 곳을 마련하거나, 또는 중간에 칸막이(커튼)를 치고, 각각 다른 문으로 출입하여 서로 얼굴을 마주치지 않도록 배려하는 것이 좋소. 이 방법이 도시나 농촌 모두에 통용할 수 있는 모범적인 의식일 듯하오. 아무 기준과 한계도 없이 산만하게 치르다가, 다른 사람들도 보고 본받는다면, 세월이 지나면서 폐단이 생길 게 뻔하기 때문이오. 예로부터 예법(禮法)을 처음 제정하는 사람은 물론 최고 최상의 성현이지만, 그 예법을 지켜야 할 제일 최하의 중생들까지 모두 포함시켜 배려하여야 폐단이 없다오.

질병이 위독해져 죽음이 임박하거든, 일체 세상사와 자기의 육신까지 모두 온통 놓아버리시오. 그리고 한 티끌도 물들지 아니한 텅 빈 마음으로, 만 가지 공덕을 두루 갖춘 위대하고 성스러운 '나무 아미타불' 명호를 염송하시오. 곧 죽는다는 생각을 하며, 염불로 아미타불의 영접을 구한다는 일념 이외에는, 어떠한 잡념 망상도 일으키지 않아야 하오. 이와 같이만 한다면, 수명이 이미 다한 경우 틀림없이 극락왕생하여 성현의 경지에 들 것이오. 그리고 수명이 아직 다하지 않는 경우에는, 틀림없이 업장이 해소되어 질병이 낫고 지혜와 복덕이 높아질 것이오.

그렇지 않고 어리석게도 오직 병 낫기만 바란다면, 병이 빨리 낫기는커녕, 오히려 병을 더욱 악화시키게 되오. 또 수명이 다했다면 극락왕생하지 못하고, 업장에 끌려 사바 고해를 끊임없이 표류할 것이오. 홍진의 수고 속에서 불사(佛事)를 행하는 공덕이, 보통의 불사보다 천만 배 수승하다오.

임종에 갖추어야 할
지혜로운 배와 노[臨終舟楫]

　　　　　　　　　부처님께서 입적한 승려를 화장
하도록 규정하신 것은, 본디 그로 하여금 산산이 부서질 가
짜 형체를 떠나, 진실하고 영원한 법신(法身)을 증득(證得)하
도록 가르치시기 위함이었소. 그래서 부처님께서 다비(茶毗)
의 규정을 세우신 이후, 승려 대중은 이를 항상적인 법도로
받들어 지켜 왔소.

　　그러나 법과 도가 쇠퇴하고, 오랜 세월이 지나면서 폐단
이 생겨나서, 지금 불자들은 경솔하게도 화장하는 일을 부
처님의 법제에 따르지 않고 있소. 병든 이가 숨이 끊어지려
고 하는 임종 때에는, 부랴부랴 옷을 갈아입히고 몸을 움직
여 감실(龕室: 본래 탑 아래의 방, 불상을 모셔두는 석실인데, 여기서는 시신을
안장하는 화장용 坐棺을 가리킴)에 하루 이틀 넣어 두었다가 화장을
하니, 정말로 부처님 법에 크게 어긋난다고 말할 수 있소.

　　부처님께서 사람에게 여덟 가지 인식(八識)이 있다고 말

169

씀하셨으니, 곧 지식(知識: 지각)이오. 앞의 다섯 인식[前五識]은 눈[眼]·귀[耳]·코[鼻]·혀[舌]·몸[身]의 인식이고, 제6식은 의식[意: 뜻]이오. 제7식은 말나식(末那識)으로 전송식(傳送識)이라고도 하고, 제8식은 아뢰야식(阿賴耶識)으로 또한 함장식(含藏識)이라고도 부르오.

무릇 사람이 생겨날 때는, 제8식이 가장 먼저 오고, 제7·6·5식이 차례로 뒤따라온다오. 그리고 죽을 때는, 이 제8식이 가장 뒤늦게 떠나고, 나머지 인식은 역순으로 차례대로 떠나간다오. 무릇 제8식은 곧 사람의 영적 인식[靈識]으로, 세속에서 흔히 말하는 영혼(靈魂)이라오.

그런데 이 제8식은 신령스러워, 사람이 어머니 뱃속에 수태(受胎)할 때에, 맨 먼저 찾아온다오. 그래서 어머니 뱃속에 자리 잡은 태아가 살아 꿈틀거리는 것이라오. 사람이 숨이 끊어져 죽은 다음에는, 곧장 떠나가지 않고, 반드시 온몸이 다 차갑게 식기를 기다려, 따뜻한 기운이 조금도 남아 있지 않은 뒤, 비로소 이 제8식이 떠나간다오. 제8식이 떠나간 다음에는, 터럭 끝만큼도 지각(知覺)이 없소.

그래서 만약 몸에 한 곳이라도 따뜻한 기운이 조금만 있다면, 제8식은 아직 떠나가지 않은 것이오. 이때 몸을 만지고 움직이면 그 고통을 알아 느끼기 때문에, 옷을 갈아입히거나, 손발을 펴고 굽히거나, 몸을 옮기는 따위의 일을 해서

170

는 결코 안 되오. 만약 조금이라도 만지고 손댄다면, 그때 고통은 가장 참기 어렵다오. 단지 입으로 말할 수 없고 몸을 움직일 수 없기 때문에, 표현하지 못하는 것뿐이라오.

불경을 찾아보면, 목숨[壽]과 따뜻한 기운[煖]과 인식[識] 세 가지는, 항상 서로 떨어지지 않는다고 적혀 있소. 만약 사람 몸에 아직 따뜻한 기운이 남아 있다면 인식도 존재한다는 뜻이고, 인식이 존재하면 목숨도 아직 끝나지 않은 것이오. 예부터 죽었다가 사흘 또는 닷새나 지나 다시 살아난 사람이 많은데, 역대 기록을 찾아 보면 하나하나 상세히 확인할 수 있소.

유교에서도 죽은 뒤 사흘 만에 대렴(大殮: 시신을 관 속에 넣고 뚜껑을 덮어 못 박는 일)의 예법을 행하는데, 이는 가족들이 사모와 비애의 감정으로, 만에 하나 혹시라도 살아나지 않을까 바라는 마음을 배려하기 때문이오. 우리 불교의 승가에서는, 비록 되살아나기를 바라는 것은 아니지만, 그러나 그가 몹시 고통스러울 수 있음을 염두에 두지 않을 수 없소. 부랴부랴 움직이고 옮기거나 변화시킨다면, 자비심은 과연 어디에 있겠소?

옛말에 "토끼가 죽으면, 여우가 슬퍼한다[兎死狐悲]."는 속담이 있소. 짐승 같은 미물도 비슷한 종류(처지)를 서글퍼함이 오히려 이와 같거늘, 하물며 사람이고, 더구나 같은 불자

171

인 우리들이 그러하지 않을 수 있겠소? 그리고 사람의 감정이란 게, 고통이 극도에 이르면 성질을 내기 쉬운 법인데, 임종에 성질내는 마음을 품으면 타락하기 가장 쉽소.

불경에 보면, 아기달왕(阿耆達王)이 불탑과 사원을 세워 그 공덕이 매우 크고 높았는데, 임종에 시중들던 신하가 부채를 들고 있다가 왕의 얼굴에 떨어뜨리는 바람에, 왕이 고통스러워 성질을 낸 까닭에, 죽어서 그만 뱀의 몸으로 떨어지고 말았다는 기록이 실려 있소. 물론 생전의 커다란 공덕으로 말미암아, 나중에 사문(沙門: 수행스님)을 만나 자신에게 들려주는 설법을 듣고, 뱀의 몸을 벗어나 천상에 올라갔다고 하오.

이로 미루어 보건대, 죽은 이의 인식이 완전히 떠나가지 않은 상태에서, 옷을 갈아입히고 옮기거나 화장을 하면, 그로 하여금 고통스러워 성질을 내게 함으로써, 더욱 타락하도록 조장하는 결과가 되겠소. 잔인한 마음으로 이치를 어기고, 일부러 참혹한 독약을 베풀려는 자가 아니고서야, 어찌 이런 짓을 할 수 있겠소? 내가 죽은 이와 무슨 원수를 지고 무슨 한이 있다고, 선량한 마음으로 악한 인연을 맺으려고 하는지, 정말로 잘 생각해야 하오.

만약 이것이 눈에 보이지 않는 아득한 일이라, 증거를 댈 수 없다고 말하는 자가 있다면, 그는 경전에 적혀 있는 내용도 믿을 수 없단 말이오? 지금까지 불어난 각종 폐단은,

결국 산 사람들이 죽은 이의 고통을 불쌍히 여기지 않고, 단지 신속하게 일을 끝마치려는 생각에서, 몸의 따뜻한 기운이 식어 감을 자세히 살펴볼 여유를 갖지 않았기 때문이오. 이러한 습관이 반복되어 일상처럼 되었기 때문에, 설령 이러한 이치를 언급하는 자가 있더라도, 도리어 어리석다고 비웃음을 당하고, 죽은 이의 고통은 더욱 펴지기가 어렵게 되었소.

오호라! 세상에서 가장 고통스러운 일은 태어남과 죽음 밖에 없소. 태어남은 산 거북이의 등가죽[甲]을 벗기는 것과 같고, 죽음은 산 게를 끓는 물에 집어넣는 것과 같다오. 여덟 가지 괴로움[八苦]이 한꺼번에 번갈아 지지고 볶아댈 때, 그 아픔을 이루 다 말할 수 있겠소?

바라건대, 환자를 보살피고 시중드는 모든 사람들은 세심하게 주의하고 배려하되, 특히 환자와 쓸데없이 한가한 잡담을 나누어, 그의 마음을 어지럽게 흩어 놓아서는 절대로 안 되오. 어수선하게 떠들어대거나 구슬픈 심기를 내색하지 말아야 하오. 오직 환자에게 몸과 마음을 모두 놓아버리고, 한마음으로 염불에 집중하여 극락왕생을 발원하도록 권해야 마땅하오.

또한 자신이 스스로 염불 조력(助念)하여, 환자가 그 염불소리를 듣고 마음속으로 따라서 염송하도록 이끌어야 하오.

만약 재력이 넉넉하다면, 여러 스님들을 초청하여, 조를 짜서 번갈아 염불해 주도록 안배하여, 염불 소리가 밤낮으로 끊이지 않게 하면 더욱 좋겠소. 환자가 귓속에 늘 염불 소리를 들으면서, 마음속으로도 부처님의 성호를 늘 염송하기만 한다면, 틀림없이 부처님의 자비 원력의 가피를 받아 극락 왕생할 것이오.

만약 재력이 없다면, 가족 모두 함께 마음을 내서 직접 염불 조력함으로써, 최후의 연분을 잘 매듭짓도록 하여야 하오. 사후에 처리할 일들일랑, 행여라도 환자 앞에서 발설하여서는 절대 안 되오. 다만 목탁이나 요령의 박자에 맞춰 큰 소리로 염불하여, 한 글자 한 글자가 또렷또렷 환자 귓속에 들어가고, 환자 마음이 늘 염불에서 벗어나지 않도록 해야 하오. 소리가 둔탁(鈍濁)한 목탁은 임종시 염불 조력에 결코 써서는 안 되오.

환자의 몸은 앉든지 눕든지, 그의 자세에 자연스럽게 맡기고, 절대로 움직이거나 옮기지 말며, 모두 염불에만 전심 전력하시오. 숨이 끊어지고 온몸이 싸늘하게 식어, 정신 의식[神識]이 완전히 떠나가기를 기다린 뒤, 다시 두어 시간은 지나야, 바야흐로 몸을 씻기고 옷을 갈아입힐 수 있소. 만약 몸이 싸늘해져 딱딱하게 굳은 경우에는, 뜨거운 물로 씻기고 뜨거운 수건을 팔이나 무릎 관절에 덮어씌우면, 한참 지나 다시 부드러워진다오. 그 때 감실(龕室: 棺) 안에 안치해도 늦지 않소.

할 일이 모두 끝나면, 더욱이 계속 염불해야 하오. 독경이나 참회 예불과 같은 다른 불공(佛供)은 그 어느 것도 염불만큼 커다란 이익을 가져다주지 못하오. 출가나 재가를 막론하고, 모든 권속들이 한결같이 이에 따라 실행한다면, 죽은 이나 산 사람 모두 큰 이익을 얻게 되리다.

그리고 우리 부처님께서는 열반하실 때, 본래 오른쪽 옆구리를 땅바닥에 대고 누우셨기 때문에, 그 자태 그대로 관에 넣어 다비(茶毗: 화장)하였소. 그러므로 후대 사람들도 각기 자연스러운 자세에 따라서, 앉아서 입적한 사람은 감실에 안치하고, 누워서 열반한 사람은 관에 안치하는 것이 더 합당할 것이오. 그러나 지금 사람들은 오랜 습관이 풍속으로 굳어져, 아마도 그렇게 여기지 않을 것이니, 또한 각자 편리한 대로 행하도록 그 뜻에 맡기면 되오.

사람이 죽은 뒤에 나타나는 좋고 나쁜 모습과 감응은, 원래 사실상의 근거가 있소. 좋은 곳[善道]에 나는 사람은, 몸의 열기가 아래로부터 위로 올라가오. 그리고 나쁜 곳[惡道]에 떨어지는 사람은, 열기가 위로부터 아래로 내려가오. 온몸이 다 식은 뒤, 마지막 열기가 정수리[頂]에 모이면 성도(聖道: 극락세계)에 올라가고, 눈[眼]에 모이면 천상(天道)에 생겨나며, 심장[心]에 모이면 인간(人道)에 환생하고, 배[腹]에 이르면 아귀도(餓鬼道)에 떨어지며, 무릎에 이르면 축생[畜生道]으로 태어나고, 발바닥에 몰리면 지옥[地獄道]에 떨어진다오.

그래서 『대집경(大集經)』의 임종징험게(臨終徵驗偈)는 다음과 같이 설하고 있소.

정수리는 성인에, 눈은 천상에 생겨나고,	頂聖眼天生
사람은 심장에, 아귀는 배에 모여 든다.	人心餓鬼腹
축생은 무릎을 통해 떠나가고,	畜生膝蓋離
지옥은 발바닥으로 빠져 나간다.	地獄脚板出

무릇 태어남과 죽음은, 그 어느 누구도 피할 수 없는 인생의 중대한 일이오. 그래서 이 한 순간만큼은 가장 조심하고 신중해야 하오. 환자를 돌보는 사람은 마땅히 한 몸과 같은 자비심[同體之悲心]으로, 죽는 이가 극락왕생의 대업을 원만히 성취하도록, 적극 도와주어야 하오. 옛사람의 시에 이런 구절이 있소.

내가 다른 사람 죽는 걸 보면,	我見他人死
내 마음 불처럼 뜨겁게 달아오르네.	我心熱如火
다른 사람 때문에 뜨거운 게 아니라,	不是熱他人

곧 내 차례가 돌아올 걸 생각해 보니….   看看輪到我

    인연(因緣)과 그에 대한 과보(果報)의 감응(感應)은, 한 치도 어그러짐이 없소. 그래서 스스로 이롭기를 바란다면, 반드시 먼저 남을 이롭게 해 주어야 하오. 이 글을 적어 동포들에게 널리 알리노니, 모든 사람이 각자 주의하고 명심하여 실행하길 간절히 기원하오.

각 수행 방법에 대한 평가

내 생각에 수행 법문에는 서로 다른 두 가지가 있소. 우선 자기 힘에 의지해 계율·선정·지혜의 삼학(三學)을 닦아, 미혹을 끊고 진리를 증득하며 생사윤회를 해탈하는 것은, 보통 법문이라고 하오. 그리고 이와 달리, 진실한 믿음과 간절한 발원을 갖추고 부처님 명호를 지송(持誦)함으로써, 부처님의 자비력에 의지해 서방 극락에 왕생하는 것은, 특별 법문이라고 하오. 보통 법문은 완전히 자기 힘[自力]에만 의지하고, 특별 법문은 자기 힘과 부처님 힘을 함께 겸비한다오. 설사 제아무리 선정과 지혜를 깊이 닦아 미혹을 끊는 공부가 뛰어나더라도, 진실한 믿음과 간절한 발원으로 염불하여 극락왕생을 구함이 없다면, 역시 자력 수행에 속할 따름이오.

이 두 가지를 비유로 견주어 보겠소. 보통 법문은 산수(山水)를 그리는 것과 같아서, 반드시 붓으로 한 획 한 획 정성스레 그어야 점차 완성되는 격이오. 특별 법문은 산수(山

水)를 사진기로 촬영하는 것과 같아서, 제아무리 수십 겹의 산봉우리와 계곡이 어우러져 있더라도, 단추 한 번 눌러 순식간에 고스란히 완성되는 격이오. 또 보통 법문은 도보로 길을 걷는 것과 같아, 튼튼한 자라도 고작 하루에 백수십 리밖에 못 간다오. 하지만 특별 법문은 전륜성왕(轉輪聖王)의 윤보(輪寶: 요즘의 비행기나 로켓트를 대신 상정해 보면 좋음)를 타는 것과 같아, 하루에 금방 사대부주(四大部洲: 지구상의 오대양 육대주를 상정)에 두루 이를 수 있다오.

우리들은 이 자리에서 즉시 성불할 자격도 없고, 또 미혹을 완전히 끊어 마음대로 행동하더라도 악업을 짓지 않는다는 구체적인 실증도 없소. 그런데도 정토 법문 수행에 전념하여, 부처님의 자비력으로 업장을 짊어진 채 왕생하길 바라지 않겠소? 그렇다면 아마도 미래의 시간이 다하도록, 여전히 삼악도나 육도 가운데 생사윤회를 계속하면서 벗어날 기약이 없을 것만 같아, 슬프지 않을 수 없소. 바라건대 우리 불자 모두 함께 올바른 믿음을 내면 좋겠소.

염불 법문에는 대략 네 가지가 있소. 지명(持名)과 관상(觀像)과 관상(觀想)과 실상(實相) 염불이 그것이오. 이 네 가지 방법 중에, 부처님 명호를 지니고 염송하는 지명(持名: 또는 稱名이라고 함) 염불이 중생들의 근기를 가장 널리 두루 포섭하고, 착수하기도 쉬우며 마장(魔障)을 초래하는 일도 없다오.

만약 관법(觀法)을 수행하려거든, 반드시 먼저 관경(觀經)을 숙독하여, "이 마음으로 부처를 짓고, 이 마음이 부처임[是心作佛, 是心是佛.]"과 "마음이 청정하면 부처가 나타나며, 경계가 밖으로부터 오는 게 아님[心淨佛現, 境非外來.]"을 깊이 알아야 하오. 그래서 단지 마음이 나타나는 것에 집착하지 않아야, 그 경계가 더욱 심오하고 미묘해지며, 마음 또한 더욱 정치(精緻)하게 순일(純一)해진다오.

　　이와 같이만 한다면, 관상(觀想)의 이익이 결코 사소하지 않소. 그러나 관상하는 경계가 익숙하지 못하고, 마음의 길[心路]도 분명하지 않으면, 조급하고 허황된 마음으로 경계가 한시 바삐 나타나기만 바라기 쉽소. 그러면 전체가 망상이 되어, 부처님과도 마음과도 모두 서로 감응을 얻지 못하고, 도리어 마장(魔障)의 태반(胎盤)만 잠복시키는 결과를 낳게 되오.

　　이렇게 경계만 얼른 보려고 망상을 품으면, 마음이 더욱 조급하고 허황되기 쉽소. 그러면 틀림없이 여러 전생에 맺은 원수들이 벌떼처럼 몰려들어, 거짓 경계를 나토어 미혹시키려 들 것이오. 최초의 원인 자리가 진실하지 못하니, 그런 거짓 경계가 마장으로 나타난 것인 줄을 어떻게 알아차릴 수 있겠소? 그리하여 크게 기뻐하며 흥분하여 안절부절 못하면, 악마가 곧 몸에 달라붙어, 제 정신을 잃고 미쳐 날뛰게 되오. 그런 사람은 설령 산 부처님께서 몸소 나타나시어 구제하려고 해도 어찌할 수가 없소.

　모름지기 자기 근성(根性)을 스스로 헤아려야 하오. 그래야 혹시라도 오직 높고 뛰어난 것만 붙잡으려다가, 이익은 못 얻고 손해만 보는 어리석음은 없게 되오. 일찍이 선도(善導) 화상께서 "말법 시대의 중생은 정신과 의식이 날뛰고 건방지며, 마음은 거칠고 경계는 세밀하여, 관법 수행을 성취하기 어렵다."고 하셨소. 그래서 위대한 성인께서 자비와 연민을 베푸사, 오로지 '나무 아미타불' 명호만 지송하는 염불을 특별히 권하셨다오.

　명호를 부르는 게 쉽기 때문이기도 하거니와, 또 더러 마음을 잘못 써서 마장의 경계에 빠져드는 자가 있을까 진심으로 염려한 까닭이라오. 스스로 잘 살피기 바라오. 또 간절한 정성 자체도 조급하고 허황된 마장을 제거하는 한 가지 비결이오. 마음과 힘을 다해 실행한다면 정말 다행이겠소.

　그리고 혹시라도 한 부처님을 부르며 생각하는 염불이 수많은 부처님을 부르며 생각하는 공덕만큼 크지 못하다고 생각지 마시오. 아미타불은 법계장신(法界藏身: 법계에 감추어져 가득 차 있는 몸)으로, 시방 법계의 모든 부처님들의 공덕이 아미타불 한 분께 전부 원만히 갖추어져 있음을 모름지기 알아야 하오. 마치 제망주(帝網珠)에서 천 구슬이 한 구슬에 포섭되고, 한 구슬이 천 구슬에 두루 비춰지는 것처럼, 아미타불

한 분만 입에 올려도, 모든 부처님이 빠짐없고 남김없이 전부 망라된다오.

만약 오랫동안 수행한 대사(大士)라면, 인연 경계가 폭넓은 것이 전혀 방해가 안 되오. 오히려 경계가 넓을수록, 마음이 더욱 오롯이 통일될 수 있소. 그러나 공부가 아직 깊지 못한 보통 초심자들은, 만약 인연 경계가 넓어지면 마음과 의식이 분산하기 마련이오. 지혜는 얕고 업장은 두텁기 때문에, 더러 마장을 불러일으킬 수도 있다오. 우리 석가모니불과 역대 조사들께서 모두 한결같이 일심으로 아미타불 염송에 전념하라고 가르치신 것도, 바로 이 때문이오.

염불 수행으로 삼매를 증득한 뒤에는, 온갖 법문의 무한하고 미묘한 이치가 모두 원만히 갖추어지게 되오. 옛 사람들이 "큰 바다에 이미 목욕한 사람은 반드시 온갖 강물을 다 쓴 셈이고, 몸소 함원전(含元殿) 안까지 들어가 본 사람에게는 장안(長安)을 더 이상 물을 필요가 없다."고 하신 말씀은, 이러한 상황을 가장 잘 형용한 비유라고 하겠소.

나무 아미타불 명호를 지송하는 염불법이 아무나 할 수 있고 깊지도 못하다고, 이를 내버리고 관상(觀像)이나 관상(觀想)·실상(實相) 등의 염불법을 닦겠다고 나서지는 절대 마시오. 무릇 네 가지 염불 가운데, 오직 명호를 지송하는 방법이 말법 시대 우리 중생의 근기에 가장 잘 들어맞기 때문이오. 명호를 지송하여 일심불란(一心不亂)에 이르면, 실상(實相)의 미묘한 이치도 전부 드러나고, 서방 극락의 미묘한 경지도 철저히 원만하게 나타난다오. 즉 명호를 지송하여 실상을 몸소 증득하고, 관법을 닦지 않아도 서방 극락을 철저히 친견하는 것이오.

명호를 지송하는 염불법은 불도에 들어가는 현묘한 문[入道之玄門]이자, 부처가 되는 지름길[成佛之捷徑]이라오. 요즘 사람들이 교리나 관법을 모두 제대로 분명히 알지 못하면서 관상(觀想)이나 실상 염불법을 닦다가는, 자칫 악마가 들러붙기 쉽소. 재주를 부리려다 오히려 낭패를 당하고, 위로 올라가려다가 도리어 아래로 추락하는 꼴이 되기 십상이오. 마땅히 행하기 쉬운 방법을 수행하여, 지극히 미묘한 과보가 저절로 이루어져 나타나도록 하는 게 좋지 않겠소?

여래의 설법은 원래 중생의 근기에 맞추어 이루어졌소. 그래서 실법(實法)을 행하며 권법(權法)을 베풀기도 하고, 권법을 열어 실법을 드러내기도 하면서, 한평생 다섯 시기의 교화가 차례로 있었다오. 그리고 또 중생들이 자력으로 해탈하기는 어렵고, 부처님 힘에 의지하면 해탈이 쉬운데다가, 말세 중생들의 근기가 형편없이 열악함을 아시고, 특별히 정토 법문을 열어 두셨소. 상중하 세 근기의 모든 중생이 다같이 이익을 얻어 불퇴전의 경지에 오를 수 있도록, 미리 배려하신 것이오.

　그런데 세상에는 고상한 것만 좋아하고, 훌륭한 것만 좇아가는 이들이 많소. 시대와 중생의 근기를 관찰하지 못하고, 늘상 거의 깨달을 수 없는 것을 가지고 사람들에게 수행하라고 가르치고 권하는 것이오. 그 뜻이야 비록 몹시 선하겠지만, 시대와 근기를 그만 놓쳐버려, 힘만 많이 들이고 얻는 이익이 아주 적게 되니, 안타깝기 그지없소.

　한 마음[一心]을 아직 얻기 전에는, 부처를 보겠다는 염두가 결단코 싹터서는 안 되오. 한 마음을 얻게 되면, 마음과 도가 합쳐지고 마음과 부처가 합쳐져서, 부처를 보려고 하면 단박에 볼 수 있고, 보고 싶지 않으면 역시 아무 어려움 없이 안 보게 되오.

　그런데 한 마음을 얻지도 못한 채 성급히 부처만 보려고 한다면, 마음과 생각이 어지러이 드날리고, 부처를 보려는 염두가 가슴 속 깊이 단단히 맺혀, 수행의 막대한 병폐가 된다오. 그런 상태가 오래 지속하면, 오랜 생애 동안 원한 맺힌 중생들이 그 조급한 욕심과 망상을 틈타, 부처님 몸으로 나타나 숙세의 원한을 보복하려고 덤비게 되오. 자기 마음에 올바른 식견이 없이 온통 악마의 분위기로 휩싸여 있으니, 한번 부처의 환영(幻影)을 보면 그만 크게 기뻐하며, 악마가 마음속 깊이 파고 들어오는 줄도 모르고, 미쳐 날뛰기 쉽소.

184

그러면 비록 산 부처가 나서서 구하려 해도 어쩔 수 없소.

단지 한 마음[一心]만 이룰 수 있다면, 하필 미리 부처를 볼 수 있을지 여부를 계산한단 말이오? 한 마음이 된 뒤에는, 좋고 나쁨을 저절로 알게 되오. 부처를 보지 못했다면, 말할 것 없이 공부에 정진할 수 있어야 하오. 또 설사 보았더라도, 더욱더 마음을 차분히 가라앉히고 수행에 전념하여야 하오. 그러면 오해나 착각으로 인한 허물은 결단코 없으며, 오직 나날이 향상 전진하는 이익만 있을 것이오.

세간에는 이치를 잘 모르는 사람들이 조금 수행해 보고는, 금방 분수에 넘치는 기대를 품는 경우가 많소. 예컨대, 거울을 닦아 티끌과 먼지가 말끔히 사라지면, 틀림없이 맑은 광명이 드러나 천지 만물을 훤히 비추게 되오. 그런데 거울 표면을 닦는 데는 힘쓰지 않고서, 단지 빛이 나기만 바란다면, 과연 어떻게 되겠소? 온통 먼지투성이인 거울에 설령 빛이 난다고 할지라도, 그것은 요괴의 빛이지, 거울 본연의 빛은 아니오.

혹시라도 마음을 잘못 써서, 훌륭한 이익을 스스로 잃어버리고, 다른 사람들의 신심마저 흔들어 후퇴시킬까 염려스러워, 특별히 보충하는 말이오. 영명(永明) 대사께서 일찍이 "단지 아미타불만 뵙는다면, 어찌 깨닫지 못할까 근심하리오?[但得見彌陀, 何愁不開悟?]"라고 읊으셨소. 이제 그 시구를 본떠, 나는 "단지 마음이 어지럽지 않기만 바랄 뿐, 부처님 뵙고 못 뵘은 따지지 않으리[但期心不亂, 不計見不見]."라고 말하고 싶소. 이러한 이치를 알았거든, 마땅히 마음과 부처가 합치하는 도에 힘을 쏟아야 할 것이오.

때로는 잠시 방편으로 문을 걸어 잠그고, 급하지 않은 일은 거절하는 것도, 몹시 유익한 수행이 되오. 폐관(閉關: 結制·杜門不出) 수행 중의 공부는, 마땅히 '오롯이 정신 집중하여 두 갈래 지지 않는[專精不二]' 일심불란을 주 목표로 삼아야 하오. 마음이 과연 하나가 되면, 저절로 불가사의한 감응이 통할 것이오. 아직 하나가 되기 전에는, 절대로 조급하고 망령된 마음으로 먼저 감응이 통하길 구해서는 안 되오. 한마음이 된 뒤에는 틀림없이 감응이 통하고, 감응이 통하면 마음이 더욱 하나로 오롯이 집중할 것이오.

그런데 마음이 아직 순수하게 하나가 되지 못한 상태에서 감응이 통하기만 간절히 바라면, 그 욕심이 바로 수도(修道)의 제일 큰 장애가 된다오. 하물며 조급하고 망령된 마음으로, 아주 특별한 기대에 잠긴다면 어찌 되겠소? 온갖 악마를 불러들여 청정한 마음을 파괴할 게 분명하오.

손가락에 피를 내어 경전을 쓰는[寫經] 일은 일단 늦추고, 마땅히 한 마음으로 염불하는 것을 급선무로 삼아야 하오. 피를 많이 흘리면, 기력이 소진하고 정신이 쇠약해져, 도리어 수행에 장애가 될까 두렵기 때문이오. 몸이 편안한 뒤에 도가 높아지는 법이오. 범부의 지위에서 법신 대사(法身大士)의 고행을 본받아 실천하려 들면 안 되오. 단지 한 마음만 얻으면, 모든 법이 두루 원만하게 갖추어진다오.

관상(觀想) 염불법은, 먼저 이치의 길[理路]이 명백하고 관조의 경지[觀境]가 익숙하며, 조급하거나 경망스런 마음이 없고, 차분히 안정되어 흔들리지 않는 뜻을 갖추어야 하오. 그런 사람이 아니면 수행해 봤자, 손해만 많고 이익은 적다오.

실상(實相) 염불법이야, 부처님 한평생 가르침과 모든 법문에 공통하는 최고 미묘한 수행이오. 천태종(天台宗)의 지관(止觀)이나 선종의 참구 향상(參究向上) 등의 수행이 모두 그것이오. 이른바 자기 성품에 본래 갖추어진 천진(天眞)스런 부처를 사념(思念)한다는 것이오.

이러한 실상 염불은 말하기는 쉬운 듯하지만, 수행하고 증득하기는 실로 어려움 가운데 최고 어려움이라오. (이미 도를 얻은 뒤 중생을 제도하기 위하여) 다시 온[再來: 再臨] 대사(大士: 보살)가 아니라면, 누가 현생에 단박 몸소 증득할 수 있겠소? 이렇듯이 어렵기 때문에, 명호 지송하는 염불을 아주 특별히 찬탄하고 권장하는 것이오.

이걸 알고도, 여전히 자기 힘에 의지해 미혹을 끊고 진리를 증득하여 본래 심성을 회복하려고 고집할 뿐, 믿음과 발원으로 부처님 명호를 지송하여 서방 극락에 왕생하길 바라지 않으려는 사람은, 아마 씨도 없을 것이오. 실상(實相)은 일체의 법에 두루 존재하오. 명호를 지송하는 염불법이야말로, 구체적인 일[事]이자 추상적인 이치[理]이며, 얕으면서도 깊고, 수행의 과정이자 성품 자체이며, 범부의 마음이면서 부처님의 마음인, 최고 위대한 법문이라오. 명호 지송 염불의 본체와 실상을 알아본다면, 그 이익은 몹시도 크고 깊소.

명호 지송법을 도외시하고 실상법만 오로지 닦는다면, 만 사람 가운데 한둘도 진실로 증득하기가 어렵다오. 내생에 소동파(蘇東坡)나 증로공(曾魯公) · 진충숙(陳忠肅) · 왕십붕(王十朋) 등과 같은 과보만 얻을 수 있어도, 이미 최상의 경지에 속하오. 그렇지만 생사윤회를 해탈하는 일이, 어찌 큰 뜻을 품고 큰 소리를 치는 것으로만 호락호락 이루어질 수 있겠소?

염불의 즐거움은, 오직 진실하게 염불하는 자만이 스스로 알 수 있소. 그렇지만 반드시 뜻과 정성을 다해 마음을 추슬러 간절히 염불해야 하며, 바깥 경계나 형상에 집착해서는 결코 안 되오. 그렇지 않으면, 마음 바탕이 확 트이지 않고 관상의 길도 익숙하지 못하여, 악마의 경계가 앞에 나타나도 알아보지 못할 터이니, 몹시 위험하게 되오.

지금 진실로 정토 법문을 널리 펼치는 이는, 정말 찾아보기도 힘든 지경이오. 선지식을 두루 참방하겠다는 염두일랑 걷어치우고, 일심으로 염불하기로 작정한다면, 그 이익이 무척 클 것이오. 이 말을 듣지 않으면, 한바탕 정신없이 힘들고 분주한 헛걸음만 하고 말 것이오. 정말 간절히 당부하는 말이오.

염불하면서도 염불함이 없고, 염불함이 없으면서도 염불함이란, 염불이 상호 감응하는 때에 이르면, 비록 항상 염불하면서도 마음을 움직이거나 생각을 일으키는 모습이 전혀 없는 경지라오.(물론 서로 감응하기 전에는, 마음을 움직이거나 생각을 일으키지 않으면, 염불하지 않는 것이오.) 비록 마음을 움직이거나 생각을 일으키지 않지만, 한 구절 부처님 명호를 늘상 입으로 부르며 염송하거나[稱念] 마음속으로 기억하며 염송하는[憶念]하는 것이오. 그래서 염송하면서도 염송함이 없고, 염송함이 없으면서도 염송한다고 말하오. 염송함이 없다[無念]는 말을 염송하지 않는다[不念]는 의미로 잘못 이해해서는 안 되오. 염송함이 없으면서도 염송한다는 말은, 마음을 움직이거나 생각을 일으키는 모습이 없이, 염송과 염송이 끊이지 않고 이어짐을 일컫소. 이러한 경지는 얻기가 결코 쉽지 않으므로, 함부로 망상이나 오해를 해서는 안 되오.

관상(觀想) 염불법이 비록 좋긴 하지만, 보고 생각하는 부처님 형상은 오직 마음속에 나타나는 것임을 반드시 알아야 하오. 만약 마음 바깥의 경계로 잘못 알면, 혹시라도 악마가 들러붙어 미쳐 날뛸 수도 있으니, 이 점을 잘 알아야 하오. 오직 마음이 나타내는[唯心所現] 형상은, 비록 뚜렷하고 분명한 모습으로 느껴질지라도, 실제로 알맹이 있는 물건 덩어리는 아니라오. 만약 바깥 경계로 착각하여 덩어리가 실제 있는 것으로 여긴다면, 곧 악마의 경계가 되고 말 것이오.

다른 분들이 사람들을 가르치는 걸 보면, 다분히 현묘(玄妙)한 곳에 치중하는 것 같소. 하지만 나는 사람들을 가르칠 때, 주로 자신의 본분을 다하도록 이끌고 있소. 가령 자신의 본분을 다하지 않는다면, 설사 선종(禪宗)과 교법(敎法)을 하나하나 철저히 궁구할지라도, 단지 삼세(三世) 모든 부처님의 원한만 이룰 따름이오. 하물며 선종이나 교법을 철저히 궁구하지도 못하는 범부 중생이 자기 본분마저 다하지 않는다면 어떻게 되겠소?

믿음과 발원 없는 염불이, 비록 화두를 붙잡는 참선보다는 공덕이 크지만, 스스로 미혹을 끊지 못하면 자기 힘으로 생사를 벗어날 수 없기는 마찬가지라오. 믿음과 발원이 없으면, 부처님의 가피와 영접을 받지 못하기 때문에, 자기 힘에만 의지하는 일반 보통 법문과 같기 때문이오. 그렇게 하여 도를 증득하기는 정말로 몹시 어렵소.

그리고 믿음과 발원으로 극락왕생을 구하는 수행이 비천하고 대수롭지 않다고 여기지 마시오. 화장해회(華藏海會)

의 보살들이 한결같이 십대원왕(十大願王)으로 극락왕생을 회향 기도하는 것이, 『화엄경』의 맨 마지막 대단원을 장식하지 않소? 게다가 정토의 모든 보살과 조사들이 말씀하신 가르침도, 모두 믿음과 발원으로 극락왕생을 구하라고 일깨우지 않소?

관상염불법이 비록 16가지나 되지만, 이를 닦고 익히는 사람은 마땅히 닦기 쉬운 방법으로 수행해야 할 것이오. 여래의 백호관(白毫觀)이나 열세 번째의 잡상관(雜想觀)을 행하는 게 좋을 듯하오. 구품관(九品觀)은 수행자가 왕생하는 전인(前因: 전제 조건)과 후과(後果: 후속 결과)를 사람들에게 알려 주는 것뿐이오. 그러니 그러한 사실만 알면 그만이고, 이를 특별히 독립의 관상법으로 행할 필요는 없소.

관상의 이치는 잘 알지 못하면 안 되고, 관상의 일(수행)은 천천히 하는 편이 낫소. 만약 이치의 길[理路]을 분명히 알지도 못하고 관상의 경계도 뚜렷하지 못하면서, 조급한 마음과 붕 뜬 기분으로 관상법을 수행한다면, 마장(魔障)을 불러들일 수 있기 때문이오. 설사 관상의 경계가 앞에 잘 나타난다고 하더라도, 만약 마음속에 함부로 기뻐하는 염두가 일어나면, 그 기쁨이 도리어 장애로 변하여, 지금까지 닦는 공부를 다시 후퇴시킬 수도 있다오.

그래서 『능엄경(楞嚴經)』에서는 이렇게 말씀하고 있소.

"성인이라는 마음을 품지 않아야, 정말 훌륭한 경계라 부른다. 만약 성인이라는 생각을 하면, 곧장 뭇 사악의 침공을 받는다[不作聖心, 名善境界. 若作聖解, 卽受群邪.]."

한 마음으로 부처님 명호를 지송하는 염불로 천 번 만 번 확실한 수행을 삼기 바라오. 지극한 마음이 하나로 집중할 때, 청정한 경계(정토)가 저절로 앞에 나타날 것이오. 법신(法身)이 관상에 들면, 그 이치는 실로 몹시 심오함을 모름지기 알아야 하오. 마음으로 부처를 짓고, 마음이 부처라는 일은, 본디 평상(平常)스럽소. 평상스러우면서도 범상(凡常)치 않고, 몹시 심오하면서도 결코 깊지 않다오.

제13관법에서, 여래께서 특별히 근기가 열악한 중생들을 위해 방편법문을 열어 놓으셨소. 1장 6척(一丈六尺: 16자)이나 8척(尺) 높이의 작은 아미타불상을 관상하는 법이 그것이오. 또 마지막 제16관법은 죄악과 업장이 몹시 무거운 자들에게, 곧장 아미타불 명호를 불러 왕생하도록 알려주고 있소. 그래서 형상은 비록 크고 작을지라도 부처님은 본래 하나이고, 관상을 할 수 없는 경우에는 명호만 염송해도 곧 이익을 얻게 되는 것이오.

이러한 가르침만 잘 생각해 보아도, 명호를 지송하는 염불법이 최고 제일임을 알 수 있소. 말법 시대 수행인들이 현생에 결정코 극락왕생하고 싶다면, 바로 이 명호 지송법을 보배로 삼지 않을 수 있겠소?

요즘 사람들은 거의 태반이 체면을 차리기 위해 허공에 누각을 지으려고 하오. 한 푼이나 반 푼밖에 없으면서도, 백 천만 냥을 가지고 있다고 허풍 떨기 일쑤요. 예컨대, 어떤 거사의 수행 기록은 그 경계가 모두 손과 붓으로 쓴 것이지, 마음 바탕에서 체험한 것이 아니오. 그대들은 정말 거짓을 꾸미지 않겠지만, 혹시라도 이런 버릇이 있다면, 그 허물은 결코 작지 않음을 명심하시오.

부처님께서 거짓말을 근본 5계에 포함시킨 것은, 바로 이러한 폐단을 방지하기 위함이오. 더러 보고도 안 보았다고 말하거나, 못 보고도 보았다고 말한다면, 이것이 바로 거 짓말에 속하오. 그런데 만약 허공에 누각을 짓고 수승한 경 계라고 망령되이 말한다면, 아주 큰 거짓말 계율[大妄語戒]을 범하는 것이오. 체험하지 못하고서 체험했다고 말하거나, 증득하지 못 하고서 증득했다고 말하면, 그 죄가 살인이나 강도·간음보다 백천만억 배 이상 더 크고 무겁다오. 그런 사람이 만약 힘써 참회하지 않다가, 날숨 한번 들어오지 못 해 죽으면, 불법을 파괴하고 어지럽히며 중생들을 미혹시키 고 오도(誤導)한 죄로, 그만 아비지옥에 떨어진다오.

그러므로 그대는 절대로 신중해야 하오. 자신이 본 경계 가 100이라면, 101을 보았다고 말해도 안 되지만, 99만 보았다고 말해도 안 되오. 지나치게 말해도 죄와 허물이 되지만, 모자라게 말해도 허물이 되기 때문이오.[16] 왜냐하면 그 말을 듣는 사람들의 수행 경지가 타심통(他心通)의 도안(道眼)을 얻지 못하여, 말하는 내용으로만 판단할 수밖에 없기 때문이오.

만약 이러한 경계를 진짜 선지식에게 말하여, 정사시비(正邪是非)를 확실히 증명 받는다면, 허물이 없게 되오. 그런데 증명 받지도 않고서 단지 스스로 자랑하고 과시하려 든다면, 허물이 있게 되오. 또 모든 사람들에게 말하는 것도 허물이 되오. 선지식에게 증명받기 위한 경우를 제외하고는, 모두 털어 놓아서는 안 되오. 말해 버리면, 그 이후로는 그런 수승한 경계를 영원토록 다시 얻지 못할 것이오. 이 점이 바로 수행인들이 조심할 제일 크고 중요한 관문이기에, 천태종에서 거듭 말하고 있소.[17]

---

16 '과유불급(過猶不及)'이라는 말이 있다. 우리는 흔히 '지나치면 오히려 미치지 못하는(모자라는) 것만 못하다'는 뜻으로 잘못 알고 쓴다. 그런데 사실은 '지나치면 미치지 못하는(모자라는) 것과 같다'는 의미이다. 유(猶)는 '같을 유', '오히려 유'의 두 가지 의미를 지닌다. 그런데 '오히려'라는 부사로 흔히 해석하기 때문에, '못하다'는 뜻이 문장의 호응상 저절로 뒤따라 붙으며, 의미상 '불급(不及)'과 혼동하여 착각하는 것이다. 바로 지나침[過]과 모자람[不及]이 전혀 없는 중용(中庸)을 추구하는 유가의 도(道)가 함축된 성어(成語)로, 본문의 내용과도 정확히 일치한다.

17 천태종뿐만 아니라, 모든 종파와 종교를 막론하고 가장 중시하는 수칙이다. 예컨대, 노자(老子)는 '다언삭궁(多言數窮)'을 경고하는데, '말이 많으면 자주 곤궁해진다'는 뜻이다. 또 중국에는 더 직접적이고 실감나는 '언진

그런데 근래 수행인들은 대부분 마귀에 붙들려, 조급하고 망령된 마음으로 수승한 경계를 보려고 바라는 듯하오. 그런 경계가 악마의 소행임은 말할 필요도 없겠소. 설사 그 경계가 확실히 수승한 경계일지라도, 한평생 환희심 따위에 탐착하여, 손해만 당하고 이익은 보지 못할 것이오. 하물며 그 경계가 확실히 수승한 경지라고 증명하기 어렵다면 어떻겠소?

그러나 수행인이 수양을 잘하여, 조급하고 망령된 마음이나 탐착하는 마음이 전혀 없고, 온갖 경계를 보더라도 아예 보지 않은 것과 똑같이 대하며, 환희심이나 탐착심을 내지 않을 뿐만 아니라, 두려움이나 놀람·의심 따위도 전혀 일어나지 않는다면, 이런 사람에게는 수승한 경계가 나타나는 경우에 아주 유익함은 물론이고, 설사 악마의 경계가 펼쳐지더라도 또한 유익하게 되오.

왜냐하면, 그런 사람은 악마에 홀려 흔들리거나 맴돌지 않고서, 곧장 위를 향해 정진할 수 있기 때문이오. 이러한 말은 보통 사람들에게 잘 말하지 않는데, 그대에게 바로 이

도단(言盡道斷)'이라는 격언이 사람들 입에 자주 오르내린다. '말이 다하자마자 도가 끊어진다'는 뜻이다. 우리가 흔히 듣는 '언어도단(言語道斷)'도 본래 이와 상통하는 의미로 풀이되나, 우리는 (특히 禪宗에서는) 보통 언어의 길이 끊긴, 바꾸어 말하면 말로 표현할 수 없는 禪(마음)의 경지를 표현하는 것처럼 느껴진다.

러한 사정이 있기 때문에, 정말로 말하지 않을 수가 없구려. 그대가 맨 처음 예불 때 보았다는 대사(大士: 보살) 형상은 정확하지 않소. 만약 정말이었다면, 그 형상이 관경(觀經)의 묘사와 합치하지 않는다고 생각한 것 때문에 사라져 버리지는 않았을 것이오.

그렇지만 그대가 이로 말미암아 신심이 더욱 간절해진다면, 이 또한 좋은 인연이오. 다만 항상 불보살의 형상을 보려고 욕심내지만 않으면 되오. 오직 지성으로 불보살께 예배(禮拜) 드리기만 한다면, 다른 염려는 할 필요가 없소. 잠자리에 들면서 눈앞에 흰 빛(白光)과 함께, 예불 때 뵈었던 불보살 형상이 허공에 걸린 듯 서있는 모습이 나타난 것도, 비록 좋은 경계(현상)이지만, 역시 탐착해서는 안 되오. 앞으로 그런 기대나 희망을 가져서는 안 되오. 바라면 더 이상 나타나지 않을 것이오. 그대의 근기와 성품을 살펴 보건대, 아마도 전생에 선정(禪定)을 제법 닦은 것 같소. 그래서 이러한 형상이 자주 나타날 것이오.

명(明) 나라 때 우순희(虞淳熙)가 천목산(天目山: 浙江省 서북부 소재. 최고봉 해발 1,587m) 높은 봉우리에서, 죽기를 작정하고 폐관(閉關) 수행을 계속했다오. 참선을 오래 닦은 결과 마침내 선지(先知: 先見之明)를 얻어, 날씨의 맑고 흐림과 사람들의 길흉 화복을 예언하게 되었소. 그는 이미 연지(蓮池) 대사에게 귀의하였는데, 연지 대사가 그 소식을 듣고는 편지를 써 보내, 그가 악마의 올무에 빠져 들었다고 호되게 꾸짖었다오. 그 뒤 소식은 알 수가 없었소.

도를 배우는 사람[學道人]은 모름지기 큰 것을 닦고 알아야 하오. 그렇지 않으면, 조그만 이익을 얻고서 반드시 큰 손해를 당하게 되오.[18]

이러한 경계가 설사 정말로 다섯 신통[五神通]을 얻은 것이라 할지라도, 오히려 거들떠보지도 않고 내버려 두어야, 바야흐로 누진통(漏盡通)까지 얻을 수 있다오.[19] 만약 한번 탐착하기만 하면, 더 이상 향상 진보하기 어려울 뿐만 아니라, 오히

---

18 일찍이 공자(孔子)도 "군자는 크게 받을 수 있으니 작게 알아서는 안 되고, 소인은 크게 받을 수 없고 작게 알 수 있을 따름이다[君子不可小知而可大受, 小人不可大受而可小知: 論語, 衛靈公 편]."는 위대한 말씀과 함께, "성급하게 욕심내지 말고, 작은 이익을 보지 말라. 욕심이 성급하면 이르지 못하고, 작은 이익을 보면(집착하면) 큰 일이 이루어지지 않는다[無欲速, 無見小利. 欲速則不達, 見小利則大事不成: 『論語』, 「子路」편]."는 소중한 가르침을 남겼다.

19 신통(神通): 불가사의함을 신(神)이라 하고, 자유자재함을 통(通)이라 한다. 천안통(天眼通: 色界와 欲界의 모든 사물을 비춰 보는 눈) · 천이통(天耳通: 모든 소리를 듣는 귀) · 타심통(他心通: 남의 마음을 꿰뚫어 봄) · 숙명통(宿命通: 宿世 전생의 일을 모두 앎) · 신족통(神足通: 如意通, 神境通이라고도 하는데, 어떤 장애물도 관통하며, 자유자재로비행하고, 돌을 황금으로 변화시키거나, 불을 물로 바꾸는 기적도 행함)을 오신통(五神通)이라 한다. 여기에 누진통(漏盡通: 번뇌가 완전히 소멸한 성인의 경지. 阿羅漢 이상)을 합쳐 육신통이라고 한다.

려 후퇴하고 타락할 수 있으니, 잘 알아 두지 않으면 안 되오.

정토 염불을 수행하는 사람은 갖가지 경계를 일삼지 않는다오. 그래서 또 어떠한 경계도 발생함이 없소. 만약 마음속으로 오로지 경계를 보려고만 한다면, 금방 수많은 경계가 나타난다오. 이때 마음을 조금이라도 잘못 쓰면 손해를 볼 수도 있으므로, 잘 알아 두어야 하오.

조급한 성미는 어느 한두 사람뿐만 아니라, 불교를 공부하는 모든 사람들이 대부분 범하기 쉬운 병폐라오. 이러한 병폐가 있는 사람들은, 악마의 경계에 빠져 들지 않으면, 곧 잘 얻지도 못하고서 얻었다고 허풍을 떤다오.

우리 마음이 본디 부처인데, 번뇌가 말끔히 사라지지 않았기 때문에, 억울하게도 중생 노릇만 하고 있는 줄을 꼭 알아야 하오. 그러므로 번뇌만 말끔히 사라지게 한다면, 본디 갖추어진 부처님 성품이 저절로 훤히 드러날 것이오. 마치 거울 표면을 닦아 먼지만 말끔히 소제하면, 빛이 나지 않을까 염려할 필요가 없는 것과 같소. 또 눈에 티가 들어간 경우, 티만 끄집어내면 눈이 저절로 광명(시력)을 되찾는 이치와도 같소.

먼지가 아직 말끔히 닦이지 않고, 티가 미처 후련히 빠지지 않은 때에, 성급히 빛을 내고 시력을 찾기 바란다면, 가능하겠소? 무릇 처음 마음을 내는 사람들에게는, 마땅히 이러한 이치부터 잘 알려 주어야 하오.

염불 수행을 하는 사람은, 물론 곧장 극락왕생하려는 마음을 지녀야 하오. 그러나 과보가 아직 원만히 이루어지기 전에는, 다만 인연에 맡겨야 하오. 공부가 충분히 무르익었다면, 굳이 기어코 왕생하려고 해도 별 장애가 없소. 그렇지 못한데도 억지로 왕생을 구하면, 그 마음이 곧 악마의 뿌리[魔根]가 된다오. 이러한 망령된 생각이 단단히 맺혀 풀리지 않는 덩어리를 이룬다면, 그로 인한 위험은 말할 수 없이 크다오.

과보가 다할 때까지 정성을 바치는 것이, 우리가 따라 행해야 할 길이오. 수명을 (人爲로) 단축시켜 진리를 증득하려는 행위는, 진실로 부처님 경전에서 심하게 질책하셨소. 예컨대, 『범망경(梵網經)』의 게송에는 이런 구절의 말씀이 있소.

나를 따지고 생각하는 자는	計我著想者
이 법을 낼 수도 없거니와	不能生是法
수명을 끊어 증득하는 자도	滅壽取證者
또한 법을 씨 뿌리는 게 아닐세.	亦非下種處

다만 정성과 공경을 다하여, 하루 속히 극락왕생하길 발원할 따름이지, 억지로 왕생을 앞당기려거나, 기어코 즉시 왕생하겠다고 욕심을 내서는 안 되오. 도를 배우는 사람은,

마음이 극단에 치우치거나 집착하면 안 되오. 치우치거나 집착하면, 더러 마음을 잃고 미치게 되어, 이익도 없고 손해만 본다오.

정토 수행이 무르익어 오늘 당장 극락왕생한다면, 더할 나위없이 좋을 것이오. 그러나 무르익지 않았는데 곧장 왕생하려 들면, 이는 채 자라지도 않은 벼 이삭을 살짝 뽑아 올려 성장을 도와주려다가, 도리어 말라 죽게 만드는, 알묘조장(揠苗助長)의 어리석음을 범하는 꼴이 되오.

그렇게 해서 마장(魔障)이 한번 일어나면, 단지 자기만 극락왕생할 수 없을 뿐 아니라, 잘 모르는 사람들의 신심을 후퇴시키는 빌미가 되기 쉽소. '염불 수행한다던 아무개를 보니, 염불은 이익도 없이 손해만 있는 것 같더라.' 이런 오해를 불러일으킨다면, 그 해악이 결코 작지 않을 것이오. 결정코 때를 앞당겨서 왕생하겠다는 억지 마음일랑, 오직 하루속히 왕생하길 바라는 자연스런 마음으로 바꾸어 먹길 바라오. 설사 한시 바삐 왕생하지 못하더라도, 서운하거나 안타깝게 생각할 필요가 없소. 단지 정성과 공경만 다하다가, 과보가 원만히 이루어진 뒤에 왕생하면 좋지 않겠소? 그러면 적어도 조급하고 망령된 생각 덩어리로 악마를 초래하는 재앙은 없을 것이오.

출가(出家)

　　무릇 불법(佛法)은 구법계(九法界)에 두루 통용하는 공공의 법[公共之法]이오. 그래서 불법은 어느 누구도 닦아서는 안 될 사람이나, 닦을 수 없는 사람이 전혀 없소. 재계(齋戒)를 지키며 염불하는 사람이 많으면, 그 효험이 널리 퍼져, 정법과 불도가 크게 흥성하며, 풍속과 인심이 순박하고 선량해진다오. 그래서 염불하는 사람은 많을수록, 더욱 아름답고 좋소. 단지 염불하는 사람이 많지 않은 것만 염려하면 되오.

　　그런데 출가해서 스님이 되는 일은, 여래께서 정법과 불도를 이 세상에 주지(住持: 안주 유지)시키고 유통시키기 위해서 만들어 놓으신 제도이오. 만약 향상(向上)의 뜻을 세우고 대보리심을 발하여, 불법을 연구하고 자성(自性)을 철저히 깨달은 뒤, 지계·선정·지혜의 삼학(三學)을 펼치고 정토 염불을 찬탄하기 위해 출가한다면, 현생의 단 한번 수행으로 단박에 윤회 고해를 벗어날 수 있소. 이런 스님은 많을수록 좋고, 다만 많지 않을까 염려해야 되오.

그러나 만약 약간의 신심만 가지고 향상의 큰 뜻은 없으면서, 스님의 이름을 빙자하여 한가하게 놀기 좋아하고, 부처님께 의지하여 구차하게 생계나 해결하기 위해 출가한다면, 이는 말만 불자(佛子)이지, 실제로는 까까중[髡民: 옛날 죄수들의 머리를 싹 깎았는데, 세간에서 스님을 폄하하여 곤노(髡奴)라고 불렀음.]에 불과하오. 이런 스님은 설령 악업을 짓지 않는다 할지라도, 이미 불법의 퇴폐 종자(敗種)이며, 국가의 쓰레기 인간[廢人]에 불과하오.

하물며 계율을 파괴하고 악업을 지어, 불교에 모욕과 수치를 안겨 준다면, 설령 살아 있는 동안 국법은 빠져 나갈지 몰라도, 죽어서는 틀림없이 지옥에 떨어질 것이오. 이런 사람은 자기에게나 불법에게나 모두 백해무익한 존재가 되오. 이런 스님은 한 사람도 있어서는 안 되거늘, 하물며 많아서야 되겠소?

옛 사람들이 "출가는 대장부의 일이며, 장군이나 재상이라고 할 수 있는 일이 아니다."라고 말씀하셨소. 이는 진지한 말이고 성실한 말이오. 결코 장군이나 재상을 낮추고, 승가를 높이기 위하여 과장한 말이 아니오. 부처님의 가업[佛家業]을 짊어지고, 부처님의 혜명[佛慧命]을 이어 받아야 하기 때문이오. 그래서 무명을 깨뜨려 본성을 되찾고, 정법과 불도를 널리 펼쳐 중생을 이롭게 할 사람이 아니면, 스님이 될 수 없는 것이오.

요즘 스님이 되는 사람은 대부분 비루하고 썩어빠진 무뢰배들로, 그저 유유자적하며 편안히 살려고 출가하는 자들이오. 재계(齋戒)를 지키며 염불하는 스님도 별로 찾아볼 수 없거늘, 하물며 부처님의 가업을 짊어지고 부처님의 혜명을 이어갈 만한 스님이리오?

지금 불법이 줄곧 퇴폐하여 땅바닥에 떨어진 것은, 청(淸)나라 세조(世祖: 연호는 順治. 1644∼1662 재위)가 시기(時機)를 제대로 살피지 못하고 내린 조치에서 비롯하였소. 부처님 법제를 우러러 따른다는 생각에서, 명나라의 시승(試僧: 僧科 시험) 제도를 혁파해 버리고 도첩(度牒: 출가를 허가하는 공문서)을 영구히 면제해 주어, 아무나 임의로 출가할 수 있도록 개방한 것이오. 이 조치가 맨 처음 발단이 되었소.

무릇 임의 출가는 상근기의 선비에게는 크게 유익하지만, 하근기의 중생에게는 크게 손해가 되오. 만약 세상에 모두 상근기의 선비만 있다면, 임의 출가의 법이 정법과 불도에 정말로 크게 유익할 것이오. 그러나 상근기의 선비는 기린(麒麟: 중국 전설상의 신령스런 동물로, 지금 말하는 목 긴 기린이 아님)의 뿔처럼 매우 드물고, 하근기의 중생은 소의 터럭처럼 무수히 많소.

그러다 보니, 선지식이 숲처럼 많던 청 초기부터 건륭(乾隆: 高宗 연호. 1736~1795 재위) 년간까지는 잠시 이익이 있었으나, 그 후로는 폐단과 부작용이 후세에 널리 퍼지게 되었소. 지금에 이르러서는 그 폐해가 이미 극도로 범람하여, 설령 선지식이 한 바탕 크게 정돈하고 싶어도, 어떻게 손조차 쓸 수 없는 지경이 되었소. 그러니 어찌 슬프지 않겠소?

앞으로 출가하려는 사람은, 첫째, 진실로 자신과 중생을 함께 이롭게 하려는 대보리심을 발하는 요건과, 둘째, 남보다 뛰어난 천부적 자질을 타고난 요건을 갖추어야, 비로소 삭발할 수 있도록 해야 하오. 그렇지 못한 자는 출가할 수 없도록 해야 하오.

여자들은 신심이 있으면 집에서 수행하도록 권하고, 절대로 출가해서는 안 되오. 혹시라도 파탄에 빠지는 경우가 있으면, 불교 문중을 적지 않게 더럽힐까 두렵기 때문이오.

남자들이 진실한 수행[眞修]을 하려면, 출가가 더욱 쉽소. 선지식들을 참방하고 총림(叢林)에 의지해 머물 수 있기 때문이오. 그러나 여자가 진실한 수행을 한다면, 출가가 도리어 더 어렵소. 움직일 때마다 세상의 혐의(嫌疑)와 비방을 불러일으키고, 평범한 일상사들도 자기 뜻대로 하기가 어렵기 때문이오. 만약 위[上: 국가를 지칭한 듯]에서 삭발 제도를 잘 분간 선택하여, 비구니(여승)의 출가를 허용하지 않는다면, 이

는 불법을 보호 유지하고 법문을 정돈 수습하는 첫째 요건
이 될 것이오.

　출가라는 일을, 요즘 사람들은 대부분 피신과 은둔의 안
식처로 생각하오. 더 한심한 자들은 살 길이 없어 생계를 해
결하는 방편으로까지 여기고 있소. 그래서 요즘 출가하는
사람들은 대부분 무뢰배 출신이오. 정법과 불도가 땅바닥에
떨어져 사라지려고 하는 것도, 모두 이러한 부류의 출가자
들이 정법을 파괴한 소치라오.

　지금의 스님들은 정말로 사람들에게 신심을 내도록 하
기가 어렵소. 앞선 스님들을 추도하면 되었지, 어찌 스님들
을 비방할 수 있단 말이오? 훌륭한 분을 거론하여 잘못된
사람을 경책 · 훈계한다면, 허물이 없을 것이오. 그러나 아
직 배우는 과정에 있는 스님은, 경책이나 훈계도 입을 꼭 다
물어야 하오. 이러한 일은 오직 덕망 있는 큰스님네들이나
비로소 할 수 있지, 아직 깃털도 채 마르지 않은 햇병아리
부리로 지껄일 수 있는 게 아니기 때문이오.

　만약 출가하고자 발심하여 찾아오는 자가 있다면, 자신
이 아직 도를 증득하지 못하여 그의 근기(根機)를 통찰할 수
없는 경우, 마땅히 위로 부처님께 예배 기도 드리고, 출가를
받아들일지 여부를 그윽이 보여 주시도록 자비를 간구하여
야 할 것이오. 그래야 무뢰배나 썩어빠진 종자들이 (승가에)

섞여 들어오는 폐단을 막을 수 있소.

그런데 요즘 스님들이 출가 제자를 받아들이는 걸 보면, 오직 수가 많지 않은 것만 걱정하는 듯하오. 하근기의 부류임을 분명히 알면서도, 오히려 그가 마음 변해 달아날까 두려워하며, 즉각 받아들이기에 급급하고 있소. 누가 이렇게 선택하고 결단하겠소? 명리(名利)를 탐하고 권속(제자)을 좋아하느라, 결국 불법이 땅바닥에 떨어져 다시 흥성할 수 없게 되는 것도 전혀 아랑곳하지 않는 것이오.

출가하여 만약 진실로 수행에 정진하지 아니하면, 시정(市井)의 못된 버릇[習氣]이 세속에 있을 때보다 오히려 심하게 되오. 이러한 악습을 멀리 떨쳐버리고자 한다면, 우선 모름지기 세간의 일체 법은 모두 고통이고[苦], 텅 비었으며[空], 덧없고[無常], '나'가 없으며[無我], 깨끗하지 못하다[不淨]는 사실을 분명히 알아야 하오.

그러면 탐욕·성냄·어리석음의 삼독(三毒)이 일어날 수 없을 것이오. 그래도 삼독의 불길을 멈출 수 없는 경우, 충서(忠恕)와 인욕(忍辱)으로 다스리면 저절로 그치리다. 만약 또 그래도 멈추지 않는다면, 죽음[死]을 가상해 보시오. 그러면 아무리 끝없고 치열한 번뇌라도 청량(淸凉)하게 승화할 것이오.

우리 석가 문중의 제자들은 도를 이루어 중생들을 이롭

게 하는 일이 최고 최상의 보은의 길이오. 단지 여러 생 동안의 부모님께만 보답하는 것이 아니라, 마땅히 무량겁(無量劫) 이래로 사생육도(四生六道)를 윤회하면서 몸을 받은 모든 부모님께 보답하여야 하오. 또 단지 부모님께서 살아 계실 때만 효도와 공경을 해야 하는 것이 아니라, 돌아가신 뒤 부모님의 영혼의식[靈識]이 윤회 고해를 영원히 벗어나 바른 깨달음[正覺]에 안주하시도록 천도해 드려야 마땅하오.

그래서 석가 문중의 효도는 어두침침하여 분명히 알기 어렵다고 말들 하오. 이에 반해 유가의 효도는 부모 봉양을 최우선으로 삼고 있소. 만약 석가 제자들이 부모를 하직하고 출가한다면, 정말로 끝내 부모 봉양을 돌보지 않을 수 있겠소?

무릇 부처님 법제에 따르면, 출가하려면 반드시 부모님께 여쭈어야 하오. 만약 부모님을 부탁할 만한 형제나 아들·조카가 있으면, 부모님께 그러한 청을 여쭙고 허락을 받아야, 비로소 출가할 수 있소. 그렇지 않은 경우에는 삭발을 허용하지 않소. 출가한 뒤 형제나 가족에게 사고가 생겨 부모님께서 의탁할 곳이 없어지면, 자기 의식주 비용을 덜어내어 부모님을 봉양할 수 있소.

그러한 실례로, 장로사(長蘆寺)의 종이(宗頤) 선사는 홀어머니 밑에서 자라면서 세간 경전에 박학 통달하였는데, 29세에 출가하여 선종의 요지를 깊이 깨달은 뒤, 홀어머니를 방

장실 동쪽 방에 모셔와 염불로 극락정토 왕생을 구하라고 권하여, 어머니가 7년 만에 염불하며 서거했다는 아름다운 기록이 전해지오.

또 당나라 때 황실의 종친 출신인 도비(道丕) 스님은, 첫 돌 무렵 부친이 국가를 위해 전몰하자 7세 때 출가하였는데, 19세 때 세상이 혼란스럽고 곡식이 비싸지자, 모친을 업고 화산(華山)에 들어가 몸소 곡식을 심으며 걸식하여 모친을 봉양하였소. 그러다가 이듬해 부친이 전몰한 확산(霍山) 전장(戰場)터에 가서, 백골을 모아 놓고 경전과 주문을 경건히 염송하며, 부친의 유골을 찾게 해달라고 며칠간 계속 기도했다오. 그랬더니 마침내 부친의 유골이 뛰쳐나와 도비 스님 앞으로 곧장 오므로, 나머지 백골들을 잘 묻어 준 뒤, 부친의 유골을 모시고 돌아와 장례를 지냈다는 기적도 전해진다오.

그런 까닭에 경전에도, "부모님을 공양한 공덕은 일생 보처(一生補處)의 보살을 공양한 공덕과 같다."고 말씀하셨소. 부모님이 살아 계실 때는, 재계(齋戒)를 지키며 염불로 극락 왕생을 구하시도록 온갖 좋은 방편을 다해 권해 드리고, 돌아가시면 자신이 경전 독송하고 염불하는 수행 공덕을 항시 부모님을 위해 지성으로 회향 기도해 드려야 마땅하오.

그래서 부모님께서 오탁악세(五濁惡世)를 영원히 벗어나고 육도 윤회를 해탈하여, 무생법인을 증득하고 불퇴전의 지위에 오르신 뒤, 미래세가 다하도록 중생을 제도하여, 자신과 남들이 함께 깨달음의 도를 성취하실 수 있도록 인도해 드려야 하오. 이래야만 세간과 비교할 수 없는 진짜 불자의 위대한 효도가 된다오.

출가해서 스님이 되는 제도는, 오로지 불승(佛乘)에 뜻을 두고 정법과 불도를 안주·유지시키기 위해서 만들어진 것이오. 그렇다고 해서 불법이 오직 스님네들만 수행할 수 있다는 뜻은 아니오.

양기(楊岐)의 등잔은 천추를 밝히고, 보수(寶壽)의 생강은 만고에 맵도다

혜원(慧圓) 거사 보시오.

보내 온 편지는 잘 받았소. 어제 명도(明道) 법사가 나가는 길에 그대에게 160원(元)을 송금하여, 자네 일을 끝마치도록 부탁했소. 그대는 나를 안 지 몇 년이나 되었으면서, 아직도 내가 어떤 사람인지 모르고 있소. 그래서 내가 부득이 그대에게 나에 대해 간략히 말해야겠소.

나는 두 가지를 끊어버린[二絶] 고뇌에 찬 자식이라오. 그 두 가지란, 집안에서는 후사(後嗣: 자손)를 끊어버렸고, 출가해서는 불법의 후사도 끊어버린 불효를 말하오(출가 제자를 평생 하나도 받지 않았음.)

또 고뇌를 말하는 것은, 내가 본디 태어난 곳은 글공부하는 유생들이 평생 부처님 이름도 들어 보지 못하고, 단지 한유 · 우(구)양수 · 정자 · 주자 같은 유학자들이 불교를 배척한 학설만 알았는데, 멋모르고 사람들은 이를 지상 최고

210

의 신조로 받들었다오.

그런데 나는 그들보다 백 배 이상 미친 듯이 날뛰었소. 다행히 십 년 남짓 지나는 동안 지겹게도 많은 병치레를 겪으면서, 나중에야 바야흐로 이들 옛날 유학자들의 척불(斥佛) 사상이 본받을 만한 게 전혀 못 된다는 사실을 알게 되었소.(나는 한 번도 선생님에게서 배운 적이 없고, 처음부터 끝까지 형님이 가르쳐 주었다오.)

처음 몇 년간은 형님이 장안(長安)에 계셔서 쉽게 기회를 얻을 수 없었는데, 광서(光緖) 7년(1881: 21세) 형님이 집에 가 계시고 나 혼자 장안에 있는 틈을 타서(집은 장안에서 420리 떨어진 곳에 있었음), 마침내 남쪽 오대산(五臺山)에 출가하였다오.

스승은 내가 분명히 모아 둔 재산이 있을 거라고 생각하고, "출가야 받아주지만, 의복은 스스로 마련해야 한다."고 말씀하시며, 나에게 단지 장삼 한 벌과 신발 한 켤레만 주셨소. 그러나 방에 머물며 밥 먹는 것은 돈을 내지 않아도 되었소.(그 곳은 매우 춥고 힘든 곳인데, 밥 짓는 일 따위는 모두 손수 하여야 했소.)

그 뒤 석 달이 채 못 되어 형님이 찾아 왔는데, 꼭 집에 돌아가 먼저 어머님께 하직 인사를 올린 다음에, 다시 와서 수행하면 괜찮다고 말씀하셨소. 나는 그 말이 속임수인 줄 알면서도, 대의명분상 일단 되돌아가지 않을 수 없었소. 가는 길에 한 말은 모두 거짓말이었는데, 어머님께서는 뜻밖에도 출가를 특별히 찬성하지도 반대하지도 않으셨소.

이튿날 형님은 나에게 이렇게 말했소. "누가 너에게 출가하라고 시켰냐? 너 혼자 스스로 출가한 거냐? 오늘부터는 출가할 생각일랑 아예 내버려라. 그렇지 않으면 아주 혼내줄 거다."

나는 단지 그를 속이는 수밖에 없었소. 그렇게 집에서 80여 일을 머무는 동안, 도무지 기회를 얻지 못했소. 하루는 큰형님은 친척을 만나러 가고, 둘째 형님은 밖에서 곡식을 말리는데, 닭이 쪼아 먹지 못하도록 지켜야 하게 되었소. 이제 기회가 온 줄 알고, 학당(學堂)에 가서 관음(觀音) 점괘를 하나 뽑아 보았는데, 그 내용도 딱 맞아 떨어졌다오.

"고명(高明)한 분이 복록(福祿)의 자리에 있으니, 새장에 갇힌 새가 달아날 수 있다. 마침내 스님의 장삼을 훔쳐 돈 2백 전과 함께 가지고 갈 것이다."(그 전에 형님은 나의 장삼을 바꾸려고 했는데, 내가 만약 스님이 사람을 보내 찾으러 오면 원물로 반환해야 탈이 없으며, 그렇지 않으면 소송을 제기해 적지 않은 골칫거리가 될 것이라고 말해서, 장삼을 그대로 보관할 수 있었소.)

그렇게 도망쳐서 다시 스승 계신 곳에 도착했으나, 형님이 다시 찾아올까 두려워 그 곳에 감히 머물지 못하고, 하룻

밤 묵은 뒤 떠나야 했소. 그때 스승께서 여비로 1원짜리 양전(洋錢)을 주셨는데, 당시 섬서(陝西) 사람들은 아직 그 돈을 본 적이 없어, 상점에서도 받지 않았소. 그래서 은(銀)과 바꾼 뒤 8백 문(文)에 팔았는데, 이것이 내가 스승에게 받은 것이라오.

호북(湖北) 연화사(蓮花寺)에 들어가 가장 힘든 일감을 달라고 했소.(밤낮 끊임없이 석탄을 때서 40여 명이 먹고 쓸 물을 끓이는 일이었는데, 물도 스스로 길어 와야 하고, 탄재도 직접 퍼내야 했소. 아직 계를 받지 않은 상태였기 때문에, 절에 묵을 수 있게 해준 것만도 이미 커다란 자비였다오.)

이듬해 4월 부사(副寺: 절의 부책임자)스님이 돌아가시고 고두(庫頭: 창고 담당, 재무)스님이 병 나자, 주지스님은 내가 성실한 것을 보시고 창고(재무)를 돌보도록 분부하셨소. 은전(銀錢)의 회계는 주지스님이 직접 하셨소.

나는 처음 출가했을 때, "양기의 등잔은 천추를 밝히고, 보수의 생강은 만고에 맵도다[楊歧燈盞明千古, 寶壽生薑辣萬年.]"는 대구를 보았소.

또 사미계율(沙彌戒律)에 상주(常住: 절간) 재물을 훔쳐 쓰는 과보가 적혀 있는 것을 보고, 마음이 몹시 두렵고 조심스러웠소. 그래서 단(甘) 음식 하나 정리하면서도, 손에 가루나 맛이 묻으면 감히 혀로 핥아 먹지 않고, 그냥 종이로 닦아낼

뿐이었소.

양기 등잔이란, 양기(楊歧) 방회(方會) 선사가 석상(石霜) 초원(楚圓) 선사 아래에서 감원(監院: 지금 우리나라 절의 원주 스님)을 할 때, 밤에 경전을 보는데 스스로 기름을 사서 쓰고, 상주 기름을 몰래 쓰지 않았다는 이야기라오.

보수 생강이란, 동산(洞山) 자보(自寶) 선사(寶壽는 그의 별호)가 오조(五祖) 사계(師戒) 선사 아래에서 감원을 할 때, 스승이 차가운 병[寒病]이 있어 생강과 노란 설탕을 끓여 고약(膏藥)으로 늘 먹곤 했는데, 스승을 시중드는 스님이 와서 이 두 물건을 달라고 하자, 그는 "상주의 공유물을 어찌 개인 용도로 쓸 수 있소? 돈 가지고 가서 사다가 쓰시오."라고 답하며 거절했다는 거라오.

이에 사계 선사는 곧장 돈을 가지고 사오라고 시키면서, 그 제자를 몹시 기특하게 여겼다오. 나중에 동산(洞山)의 주지가 사람이 필요해, 사계 선사에게 아는 사람이 있으면 추천하라고 부탁하자, 사계 선사가 생강을 사도록 한 사나이면 될 거라고 답했다는 것이오.

『선림보훈(禪林寶訓)』 중권(中卷)에는 설봉(雪峯) 동산(東山)의 혜공(慧空) 선사가, 서울에 과거 보러 가는 데 마부가 필요하다고 요청한 여재무(余才茂)에게, 답장한 편지가 실려 있소. 대강의 내용은 이러하오.

"내가 비록 주지이긴 하지만, 역시 한낱 빈궁한 선승에 불과하오. 이 마부는 상주에서 나온 것이고, 공(空)에서 나온 것이오. 상주에서 나온 것이니 곧 상주를 훔치는 게 되고, 공에서 나온 것이니 텅 비어 하나도 없는 것이 되오. 하물며 귀하가 서울에 가서 부귀공명을 얻으려고 함에, 필요한 물건을 삼보(三寶)에서 구한단 말이오? 주는 이나 받는 이 모두 죄를 짓는 일은 없어야 될 줄 아오. 설사 다른 절에서 준다고 할지라도, 사절하고 받지 않는 것이, 바로 앞날의 복이 될 것이오."

근래 속된 스님들은 금전과 재물을 교유(交遊) 관계나 제자 또는 세속의 집안에 쓰는 일이 너무나 많소. 나는 한평생 교유를 맺지 않고, 제자를 받지 않으며, 주지를 하지 않기로 서원하였소. 광서 19년(1893: 33세) 보타산(普陀山)에 이르러 밥 먹는 한가한 중이 된 이래, 30년 남짓 어떤 직책도 가져 본 적이 없소. '인광(印光)'이라는 두 글자는, 남을 위해 대신 수고하는 종이 위에 절대로 쓰지 않았소. 그래서 20여 년간 편안히 지낼 수가 있었소.

나중에 고학년(高鶴年)이 몇 편의 원고 조각을 속여 가지고 가서 〈불학총보(佛學叢報)〉에 실었을 때도, 아직 '인광'이라는 이름은 쓰지 않았소. 민국 3년(1014: 54세) 이후에 서울여(徐蔚如)와 주맹유(周孟由)가, 자기들이 내 글을 수집하여 북경에서 『인광문초(印光文鈔)』를 인쇄하겠다고 졸라, 민국 7년(1918: 58세)에 책이 나왔소.

그 후로 날마다 편지를 받고, 오로지 남들을 위해 바르게 살아 왔소. 그러다가 남의 말을 잘못 전해 듣고 나에게 귀의하겠다고 원하는 사람들도 나타나기에, 단지 그들의 믿음에 내맡겨 두었을 따름이오. 부자에게도 나는 공덕을 쌓으라고 보시를 청하지 않았고, 가난한 사람에게도 나는 특별히 구휼이나 자선을 베풀 수가 없었소.

광서 12년(1886: 26세) 북경에 들어간 적이 있으나, 우리 스승에게서 역시 한 푼 받은 것도 없소. 그 뒤로는 도업(道業)에 진척이 없어 감히 서신 한 통 올리지 못하다가, 17년(1891: 31세) 스승께서 입적하신 후에는 여러 사형제(師兄弟)들이 각자 제 갈 길로 흩어졌다오. 그리하여 40년 동안 출가 동문과도 편지 한 구절이나 한 푼어치 물건을 서로 주고받은 적이 없었소.

우리 집안에는 광서 18년 한 고향 사람이 북경으로부터 귀향하는 길에 편지 한 통 부친 적이 있소. 그때는 아직 우체국도 없고 큰 길도 없어서, 그가 직접 전달해 주지 않으면 편지를 부칠 방법이 없었소.(지금은 비록 우체국이 있지만, 배달해 줄 사람이 없으면 역시 부칠 수 없소.) 이듬해 남쪽으로 내려와 소식이 완전히 끊겼소.

민국 13년(1924: 64세)에 이르러, 한 생질이 사람들 말을 듣고 산으로 나를 찾아왔소. 그때서야 비로소 후사가 이미 끊겨, 집안의 다른 손자가 양손(養孫)으로 들어와 있다는 사실을 알았소.(이 일은 나에게는 오히려 다행이오. 나중에 조상의 덕을 손상시킬 자가 없으니 말이오. 양손이 대를 이었지만, 이는 우리 부모의 친자손이 아니지 않소?) 그래서 그에게도 편지를 보내지 않았소.

민국 이래로 섬서 지방의 재난이 가장 심한데, 만약 그에게 편지를 했다가, 그가 남쪽으로 찾아온다면 어떻게 하겠소? 그를 편안히 정착시킬 땅도 없고, 그가 되돌아간다고 해도 수십 원은 필요할 테니, 그의 왕래가 전혀 도움이 되지 않고, 오히려 그에게 손해만 될 것이 뻔했기 때문이오. 그래서 지난해에 합양(郃陽)의 재난을 구휼할 때도, 단지 현(縣) 당국에 송금하였으며, 감히 우리 마을 이름까지는 언급하지 않았소.(우리 마을은 현 소재지에서 40여 리 떨어져 있소.) 만약 언급했다가는, 얼마나 많은 사람을 죽고 다치게 할 줄 모르기 때문이오.

올봄 진달(眞達) 법사가 최근 이삼 년 동안 섬서 재해만 구휼해 온 주자교(朱子橋)를 통해 전해 온 소식에 따르면, 서너 거사와 함께 1천 원을 모아 자교에게 주면서, 특별히 우리 고향 동네에 나눠 주라고 부탁했다는구료. 그러나 수백 가구에 천 원이 별로 큰 도움은 되지 못했을 것이오. 그리고

이 일로 말미암아 남쪽으로 오겠다는 사람이 생겼소.

우리 집안의 생질인 한 상인이 나에게 편지를 보내, 아무개가 남쪽으로 찾아와 나를 방문하겠다고 하는데, 어떻게 대답하는 게 좋겠느냐고 물어왔소. 그래서 내가 답신하기를, 만약 그대가 보살필 수 있으면 그에게 좋은 일을 마련해 주는 것이 가장 좋고, 그렇지 않으면 왕래가 몹시 힘들고 본인에게 손해만 될 뿐 별 이익이 없을 것이라고 간곡히 말해 주어, 그들이 지쳐 죽게 하는 일은 없도록 잘 회답하라고 부탁했소. 이 일은 진달 법사가 한바탕 호의를 베풀면서, 그 영향까지는 세심하게 배려하지 못한 때문이오. 또 나에게는 말 한 마디 안 하여, 내가 알았을 때는 다 이루어져 돌이킬 수 없는 상황이었소.

전에 이런 얘기를 들었소. 수십 년 전 호남(湖南)의 한 갑부 노인이 생일잔치를 하는데, 참석자 한 사람에게 4백 전씩 나누어 주겠다고 미리 알렸다오. 때는 겨울 농한기였는데, 시골 사람들이 수십 리씩 걸어 이 돈을 타려고 수만 명이나 모였다오.

그런데 관리자가 미리 좋은 방법을 마련하지 않아, 천천히 한 사람씩 나누어 주다 보니, 뒤에 처진 사람은 몹시 배고파, 실로 온힘을 다해 앞으로 밀치고 나섰다오. 그래서 넘어져 깔려 죽은 사람이 2백 명이 넘고, 다친 사람은 부지기

218

수였다오.

그래서 현(縣) 당국에서 나서서 사람들에게 움직이지 못하게 명령한 뒤 사태를 수습했는데, 죽은 자에게는 1인당 24원과 관(棺) 한 구씩을 지급하고 시체를 찾아가게 했다오. 노인은 사람들이 놀라 소란스러운 모습을 보고 사태를 안 뒤, 그만 한숨을 크게 쉬더니 죽어버렸다오. 며칠 안 되어 중앙 관료를 지내던 그의 아들도 서울에서 죽고 말았소.

그런 까닭에, 무슨 일이 되었든 간에, 먼저 그로 말미암을 부작용을 사전에 잘 예방하지 않으면 안 되오. 내가 어찌 우리 집안과 고향에 무심할 수 있겠소? 다만 능력이 미치지 못하니, 아예 실마리를 풀어 놓지 않는 것이 유익하고 손해가 없다고 판단하는 것일 따름이오.

영암사(靈岩寺)에는 전에 단지 열 명 남짓밖에 없었소. 모두들 요(姚) 아무개가 병들었다고 거기에 머물도록 특별히 편의를 봐 주었는데, 이 일을 어찌 선례로 삼을 수 있겠소? 그 절은 농사가 잘 된 해라도 소작료가 천 원이 안 되고, 작황이 나쁘면 더 줄어들며, 이밖에는 전혀 별다른 수입이 없다오.

최근 3년 사이에 영암사가 정말 도를 열심히 닦는다고 평이 나서, 그 곳에 귀의한 신도들이 이레 염불 기도를 부탁하면서 약간씩 공양을 올리는 정도라오. 그래서 최근 상주 인원이 이삼십 명으로 불어났지만, 나는 절대로 그 곳에 요구하는 게 없소.

영암사의 여러 법사들은 부모의 신위(神位)를 염불당에 모시는 이가 많은가 보오. 덕삼(德森) 법사나 그 친구 요연(了然) 법사들은 모두 효성으로 부모의 신위를 모시는가 본데, 나는 절대로 이 일은 언급하지 않고 있소. 만약 내가 언급했다가는, 그들이 정말로 몹시 기뻐하며, 인광 스님도 그러지 않느냐고 말하면서, 자기들 공치사와 사심(私心)만 챙기려 들 것이오. 하물며 평소 얼굴 한 번도 본 적이 없는 그대가, 단지 편지 한 통으로 귀의해 놓고, 여기에서 종신토록 양로(養老)나 할 생각이란 말이오?

그렇다면 나에게 귀의한 어려운 사람은, 모두 나에게 찾아와 양로하겠다고 나설 것이오. 내 손에서 만약 금전이나 곡식이 나올 수 있다면, 이 또한 원하지 않는 바는 아니지만, 안타깝게도 나에게는 이러한 도력이 없소. 그러니 어떻게 그러한 대자대비를 베풀 수 있겠소?

예전에 복건(福建)의 황혜봉(黃慧峯)이 매번 시를 지어 부쳐 오면, 얇은 믿음이나마 다소 있는 듯하기에 내가 여러 책을 보내 주었더니, 그가 귀의하겠다고 자청해 왔소. 그는 나와 나이가 같았는데, 나중에는 다시 출가하겠다고 나서기에, 내가 재가 수행의 유익함을 적극 일러 주었소. 그가 스스로 보리심을 내어 출가하겠다고 큰소리쳤지만, 실은 그저 일없고 조용한 곳을 찾아 자손들의 양로비를 줄이려고 꾀한 것뿐이라오.

그가 하도 심한 말로 극성을 부리기에, 내가 이렇게 말했소.

"나는 남의 절에 30년간 머물러 오면서, 내 한 몸도 이미 많다고 느껴왔소. 하물며 당신까지 또 와서 나에게 출가한다면, 어찌 되겠소? 당신이 꼭 오겠다면, 내가 하산하는 수밖에 없소. 왜냐하면, 나 자신도 돌볼 겨를이 없거늘, 어떻게 당신까지 돌봐 줄 수 있겠소?"

그 후로 그는 편지를 뚝 끊고 말았소. 그러니 전에 큰소리친 도심(道心)은 진짜 보리심이 아니라, 자손을 위해 이익을 찾은 세속 마음에 불과한 것이었다고 볼 수밖에 없소.

그런데 그대는 머리가 제법 총명하면서도, 자기 마음을 미루어 남의 속마음까지 헤아려 주지는 못하는구료. 자기한테는 어려운 줄 알면서, 남에게는 쉬울 것이라고 여기고 있지 않소? 내가 그대보다 더 고뇌가 많은 줄 모른다는 말이오. 앞으로는 그대 스스로 자기 능력을 헤아려 일하기 바라오. 만약 또 다시 나에게 대신 금전을 내달라고 요청하면, 목숨을 바쳐 상환해야 할 만큼 몹시 어렵게 되오. 왜냐하면 내가 그대 한 사람밖에 모르는 것이 아니며, 또 그대 한 사람만 나에게 요구하는 것이 아니기 때문이오. 설령 그대 한 사람뿐이라고 하더라도, 몇 년 동안 사오백 원씩 쓴 것도 별로 요긴한 일도 아니었고, 또 이곳에 재난 구휼하랴, 저 곳에 자선 사업하랴, 내가 어떻게 다 감당하겠소?

좋은 책[善書]을 인쇄하여 법보시하는 일만 해도, 제멋대로 부쳐줄 수가 없소. 거기에도 본디 나름대로 규칙이 있는 것은 그대도 보았을 줄 아오. 만약 사람들이 요구한다고 모두에게 그냥 부쳐 주기로 한다면, 비록 수십만 가구가 나서도 다 처리할 수 없을 것이오. 하물며 모두가 조금씩 갹출하여 겨우 유지하는 형편인데, 오죽하겠소? 만약 꼭 하려는 경우, 원가에 따라 배포한다면 소원을 이룰 수 있소. 그렇지 않고 사람들에게 유익하다고 해서, 내가 원하는 것처럼 부쳐 준다면, 금방 문 닫을 수밖에 없소.

〈보타지(普陀志)〉는 전에 불법(佛法)도 모르고 부처님도 믿지 않는 사람에게 부탁하여 편집했는데, 더구나 나의 전기(傳記)까지 한 편 지어 덧붙인다기에, 내가 잘못 되었다고 극력 반대했소. 나중에 한두 가지 일로 말미암아 책임자가 내 의견에 따르지 않기에, 나는 그 일에서 완전히 물러나 더 이상 묻지도 않았소.

그가 편집을 마쳐 다른 스님에게 부탁했다가 반 년 이상 묵힌 다음, 나중에사 나에게 감수(監修)해 달라고 다시 요청해 왔는데, 나 또한 겨를이 없어 몇 년 동안 미루어 왔소. 그래서 이 책에는 내 이름이 전혀 없소. 거기에 수록할 내 글과 이름을 모조리 빼버리고, 하나도 남기지 않은 것이오.

그가 다른 사람에게 써 달라고 청탁해 인쇄를 마쳤는데, 산중에서 그 책을 요청하는 사람들에게 종이 값과 인쇄비를 합한 원가에 따라 권당 6각(角)씩 셈하여, 모두 3천 부를 인쇄했다오. 신청한 물량 1천여 부를 빼면 단지 천여 부 남는데, 나도 사람들에게 조금 보낼 생각이오. 그대도 몇 부 가져다가 다른 사람들에게 나누어 줄 생각이 있다면, 그 마음은 아주 좋소. 다만 얼마나 어려울지는 잘 모르겠소.

앞으로는 "자기에게 생기기를 바라지 않는 일은, 남에게도 베풀지 않는다[己所不欲, 勿施於人]."는 마음을 늘 간직하기 바라오. 만사에 자기 마음으로 남의 마음을 헤아려 주고, 또 남의 마음을 미루어 내 마음을 살펴보는 자세가 필요하오. 그렇게만 한다면, 그대는 앞으로 틀림없이 광명(光明)이 휘황찬란하고, 인간과 신명이 모두 기뻐하는 경지에 이르게 될 것이오.

이렇게 입에 쓴 약을, 정말로 그렇다고 여기고 달게 받아들일 수 있을지 모르겠소. 아무쪼록 지혜롭게 살피길 바라오.

그리고 인쇄 원판은 절대로 홍화사(弘化社)에 보관하지 말기 바라오. 이 일이 1~2년 안에 끝날지 미정이고, 기금이나 일정한 수입도 없으며, 시국도 좋지 않소. 게다가 사람들도 서로 협조하지 않으면, 그만두지 않고 어떻게 계속 유지할 수 있겠소? 불학서국(佛學書局)은 유통망도 넓고 영업성을 띠어 오래 계속할 수 있으니, 거기에 맡기면 거기나 그대에게 모두 유익할 것이오.

수신인(受信人) 해설

이 편지는 민국 21년(1932: 72세) 임신(壬申) 봄에 대사께서 혜원(慧圓)에게 답장을 내리신 것인데, 대사의 도행(道行)이 굳세고 뛰어나, 제자로 하여금 경탄과 오체투지의 예배를 절로 하도록 만듭니다. 편지 안에서 지시하신 각 단락이, 모두 대체(大體)를 힘써 유지하면서, 홀로 외눈을 갖추신 세상의 모범이 되시기에 충분합니다.

제가 능력을 헤아리지도 않고 일을 벌이거나, 남을 대함에 내 마음같이 살펴보는 용서의 아량이 부족한 점에 정문일침을 찌르신 것은, 더욱이 구구절절 뜸돌[藥石] 같고 보배 같은 가르치심입니다.

지금까지 9년간 은밀한 상자에 소중히 보관해 왔는데, 대사께서 서방극락정토에 왕생하신 지금도, 제자가 가르치심을 제대로 힘써 실행하지 못하고 구태의연한 잘못을 벗어나지 못해, 부끄럽기 짝이 없습니다.

친필 서신에 배인 대사의 마음을 우러르니, 어찌 비통함을 금할 수 있겠습니까? 이제 대사의 문집 편찬에 공개 발표하여 제 잘못을 드러내면서, 아울러 대사께서 사람들 가르치시기에 싫어함 없이 열성껏 쏟으신 자비 은혜를 후세에 길이 전하고자 합니다.

경진년(庚辰年: 1940) 섣달 초여드레 제자 소혜원(邵慧圓) 삼가 적음.

인광(印光) 대사의 간략한 전기

-『영암산지(靈巖山志)』의 「고승전(高僧傳)」에서 옮김-

대사의 휘(諱)는 성량(聖量)이고, 자(字)는 인광(印光)이며, 별호는 상참괴승(常慚愧僧: 항상 부끄러운 중)인데, 섬서(陝西) 합양(陽) 조(趙)씨의 아들이다. 어려서 형님으로부터 유가의 책을 배웠는데, 이를 성현의 학문으로 자못 자부하였으며, 한유(韓愈)와 우(구)양수(歐陽修)의 불교 배척론에 적극 찬동하였다. 나중에 병으로 몇 년간 고생한 다음에야, 비로소 그게 잘못인 줄 깨닫게 되었다.

대사는 나이 21세에 종남산(終南山) 남오대(南五臺) 연화동사(蓮華洞寺)에 들어가 도순(道純) 화상을 스승으로 출가하였는데, 그때가 청(淸) 나라 광서(光緒) 7년(1881)이었다. 이듬해 섬서(陝西) 흥안(興安)의 쌍계사(雙溪寺)에서 해정(海定) 율사로부터 구족계(具足戒)를 받았다.

그 전에 호북(湖北) 연화사(蓮華寺)에 잠시 들렀다가, 불경(佛經)을 햇볕에 쬐어 말리는 가운데 용서(龍舒)의 정토문(淨土

文) 파본을 우연히 읽어 보고 염불 법문(念佛法門)을 알게 되었다. 어려서부터 눈에 병이 있어 거의 실명할 위기를 맞았는데, 이때에 이르러 육신이란 고통의 근본임을 깨닫고, 일심으로 염불하자 눈병이 갑자기 확 나아 버렸다. 한평생 오로지 정토(淨土)에 귀의하여, 스스로 수행하며 남을 교화하는 방편 법문으로 삼은 것은, 바로 이때부터 비롯하였다.

나중에 북경 홍라산(紅螺山) 자복사(資福寺)가 오로지 정토 법문을 수행하는 염불 도량이라는 소식을 듣고, 26세 때 스승을 하직하고 그 곳으로 갔다. 이듬해 정월 오대산(五臺山) 참방을 마치고 다시 자복사로 되돌아왔는데, 상객당(上客堂)의 향등료원(香燈寮元) 직책 등을 맡아 보았다. 3년 동안 염불의 기본 수행(正行) 이외에 대승경전을 읽고 연구하였는데, 대장경전에 깊숙이 들어가 부처님 마음[佛心]을 미묘히 느끼고 지름길로 수행에 정진하여, 추상의 이치나 구체 사물 모두에 전혀 걸림이 없게[理事無礙] 되었다.

대사 나이 30세에 북경 용천사(龍泉寺)에 이르러 행당(行堂)으로 있었고, 31세에는 원광사(圓廣寺)에 머물렀다. 2년 뒤 보타산(普陀山) 법우사(法雨寺) 화문(化聞) 화상을 따라 남쪽으로 내려왔는데, 곧 그 절의 장경루(藏經樓)에 안거하여 폐관 수행에 들어가 두 차례에 걸쳐 6년 동안 정진하였다. 폐관을 마친 다음 제한(諦閑) 스님과 함께 연봉(蓮蓬)에 머물렀다.

나이 44세 때 온주(溫州) 두타사(頭陀寺)를 위해 불경을 청한 일이 있는데, 일을 마치자 곧 남쪽으로 돌아와 다시 법우사 장경루에 머물렀다. 출가한 지 30여 년 동안 청(淸) 나라가 멸망할 때까지 시종 자취를 감추고 드러내지 않았는데, 남과 왕래 교제하는 것을 좋아하지 않았을 뿐만 아니라, 남들이 자기 이름을 아는 것조차 바라지 않았다.

민국(民國) 기원(紀元) 후에 고학년(高鶴年)이 처음으로 대사의 글 몇 편을 가져다가 상해 〈불학총보(佛學叢報)〉에 실었는데, 그때 상참(常慚)이라는 이름을 썼다. 민국 6년(1917) 서울 여(徐蔚如)가 대사의 편지 세 통을 인쇄하여 『인광법사신고(印光法師信稿: 편지 원고)』라고 이름 붙였는데, 7년에는 20여 편을 얻어 북경에서 인쇄하면서 『인광법사문초(文鈔)』라고 이름 붙였다. 8년에 다시 속편(續編)을 인쇄하고, 9년과 10년에 또 증보하였으며, 11년부터 15년 사이에 차례로 계속 증보하여 『증광(增廣)인광법사문초』라고 이름 붙였다.

이 글이 세상에 나와 퍼지자, 말마다 진리를 드러내고 글자마다 종지(宗旨)로 귀결하며, 위로는 부처의 가르침에 부합하고 아래로는 중생의 마음에 들어맞으며, 선종(禪宗)과 정토(淨土)의 오묘한 법문을 떨치면서 그 사이의 쉽고 어려움을 잘 가려내어, 실로 이전 사람들이 미처 찾아내지 못한 곳을 훤히 파헤쳤다는 칭송의 평론이 자자하였다.

또한 불교의 이치에만 정통한 것이 아니라, 격물(格物)·치지(致知)·성의(誠意)·정심(正心)·수신(修身)·제가(齊家)·치국(治國)·평천하(平天下)의 『대학(大學)』 팔덕목(八德目)을 비롯한 유가의 세상 경륜 도덕도 또한 극진히 발휘하였는데, 그 문장과 의리(義理)가 우아하고 품위 있어 낙양의 종이 값을 오르게 하였다. 그리하여 사람들이 풍문을 듣고 대사를 흠모하여 알현하려 문 밖에 줄을 이었는데, 마치 샘물이 계곡으로 쏟아져 흐르는 것처럼, 그 기세를 막을 수가 없었다.

대사가 후학들을 가르침에는 귀를 붙잡고 얼굴을 마주 대하듯 자상하고 간곡히 타이르되, 경론(經論)에 바탕을 두고 가슴속으로부터 쏟아내었는데, 그 내용은 인과 법칙을 벗어나지 않았으며, 알맹이 없이 빈 말은 언급하지도 않았다. 마땅히 조복(調伏)시킬 자는 선가의 고참이나 유가의 우두머리조차도 심하게 꾸짖고, 아무리 고관대작이라도 조금도 보아줌이 없었다.

한편 마땅히 받아 줄[攝受] 자는 아무리 어리고 하잘것없는 이라도 일찍이 물리친 적이 없으며, 설령 농부나 품팔이 아낙이라도 따뜻이 감싸 주었다. 한결같이 평등한 자비심으로 모든 근기의 사람들을 두루 이롭게 하되, 특별히 정을 더 가까이 하거나 멀리함이 없이, 오직 도리(道理)에 따라 대하였다.

무릇 가르침을 더 달라고 청하는 자에게는, 반드시 "어떠한 악도 짓지 말고 뭇 선을 받들어 행하라[諸惡莫作, 衆善奉行]."는 부처님 말씀과 인과응보 및 생사윤회의 진실한 사실과 이치로써 간곡히 일깨워 주어, 새로운 각오와 동경심을 내어 사람으로서 세상을 살아가는 밑바탕을 튼튼히 세우도록 이끌었다.

나아가 정말로 생사(生死)를 위해 보리심(菩提心: 求道心)을 내고, 믿음과 발원으로 염불하여 서방 극락정토에 왕생하는 넓고 평탄한 길을 가르쳐 주었다. 아울러 절실하게 실천하여 평범함을 뛰어 넘고 성현의 경지에 들어가는[超凡入聖] 지름길로 닦아가라고 간곡히 당부하였다.

민국 11년(1922) 정해현(定海縣)의 도재동(陶在東)과 회계(會稽)의 황함지(黃涵之)가 대사의 도행(道行) 자료를 모아 정부에 신청하여, '오철원명(悟徹圓明)'이라는 휘호 액자가 하사되어 보타산으로 전해지고, 향과 꽃도 공양받았다. 그리하여 대사의 도행과 덕망이 일시에 활짝 전성기를 맞이해 평범한 백성들도 모두 흠모하였는데, 대사는 도리어 전혀 듣지도 못한 일처럼 대했다. 고두(叩頭)의 예를 올리며 이를 언급하는 자가 있으면, 대사는 허공의 누각처럼 여기고, 스스로 그만한 큰 덕이 없는데 영광이 어디서 오겠느냐고 반문하면서, 부끄러울 따름이라고 답하였다.

대사는 한평생 스스로 검소하게 생활하면서, 사람들에게 후하게 대했다. 선량한 남녀 신도가 공양 올리는 향경(香敬)은 모두 그들을 대신해 복전(福田)을 씨뿌려 주고, 개인의 호주머니로 집어넣는 법이 전혀 없었다. 교화를 펼침에는 홍화사(弘化社)를 열어, 좋은 책[善書]들을 인쇄하여 전국에 널리 배포하였다. 또 만물을 이롭게 함에는 각종 재난을 구휼하고, 개미나 곤충에게까지 두루 자비심이 미쳤다.

불법을 수호하고 사찰의 재산을 보전함에는, 여력을 남기지 않고 심혈을 다 기울여 그 공덕이 더욱 컸다. 보타산의 법우사나 부양(阜陽)의 자복사(資福寺)나 오대산 벽산사(碧山寺)나 광제(廣濟)의 모봉사(茅蓬寺)들은, 모두 대사의 말 한 마디로 분쟁이 가라앉고 평화를 되찾았다. 대사는 정말로 권속(眷屬)을 좋아하지 않았으며, 천하 사해를 모두 스승으로 삼았다. 대사는 또 사찰의 주지가 되지 않는 것이 본래 굳은 서원이었는데, 그 지팡이가 이르는 곳마다 모두 명산대찰이 되었다.

민국 7년(1918) 사정으로 말미암아 상해에 이르러 태평사(太平寺)에 머물렀는데, 민국 17년(1928) 번화함을 싫어하여 한시바삐 숨을 곳을 찾다가, 19년(1931) 2월 소주(蘇州)의 보국사(報國寺)에서 폐관했다.

폐관 수행 동안, 염불 공부하고 남은 시간을 이용하여,

보타(普陀)・청량(淸凉)・아미(峨嵋)・구화(九華) 등 『산지(山志)』를 편집 정리하였다. 26년(1937) 겨울 영암사(靈巖寺)로 자리를 옮겨 3년간 안거하였으니, 여기는 지적(智積) 보살이 현신한 사찰이자, 대사가 입적하여 극락왕생한 곳이 되었다.

대사는 입적하기 전에 미리 때가 이르렀음을 알았다. 29년(1940) 봄 어떤 사람에게 답장하는 편지에서, "지금 이미 여든 살로, 아침에 저녁을 기약하기 어렵소."라고 말했다. 또 "나는 곧 죽을 사람인데, 어찌 이러한 법도를 남길 수 있겠소?"라고 적기도 했다. 그해 겨울 10월 27일에 약한 병세를 보이더니, 28일 오후 1시에 산중의 모든 직책 담당자들이 모인 가운데, "영암사의 주지 자리는 오랫동안 비워 둘 수 없으니, 묘진(妙眞) 스님이 맡는 게 좋겠다."고 분부하였다.

대중이 모두 찬성하고 11월 9일을 취임 시기로 잡으니, 대사가 너무 늦다고 말하였다. 다시 초나흘로 바꾸었으나 역시 늦다고 하여, 나중에 초하루를 택하자 괜찮다고 고개를 끄덕였다. 초사흘 저녁 평소처럼 묽은 죽 한 사발 가량 올리자, 다 드신 뒤 진달(眞達) 스님 등에게 이렇게 당부하였다.

"정토 법문(淨土法門)은 별로 기특한 게 없네. 단지 간절하고 지성스럽게만 염불하면, 부처님의 자비로운 영접(迎接)으로 업장을 짊어진 채 극락왕생하지 않는 자가 없다네."

초나흘 새벽 1시 반 침상에서 일어나 앉으면서, "염불하면 부처를 보고 틀림없이 극락왕생한다[念佛見佛, 決定生西.]."라고 말한 뒤, 큰 소리로 염불하였다. 2시 15분 물을 찾아 손을 깨끗이 씻은 뒤, 반듯이 일어서서 말하였다.

"아미타불께서 영접하러 오시니, 나는 이제 가련다. 모두들 염불 열심히 하고 간절히 발원하여 서방 극락에 왕생하여야 한다."

말을 마치고 의자에 옮겨 앉아, 서쪽을 향해 몸을 단정히 앉았다. 3시경 묘진 스님이 도착하자, "도량을 잘 유지하며 정토 법문을 널리 펼치고, 다른 거창한 법문을 배우려고 하지 말라."고 부촉하였다. 그 뒤에는 단지 입술만 약간 움직일 뿐, 말은 더이상 하지 않았다. 5시가 되어 대중들이 큰 소리로 염불하는 가운데, 편안히 극락정토로 돌아가셨다. 초닷새 오후 2시 감실(龕室: 坐棺) 안에 모실 때에도, 얼굴 기색이 살아 계신 듯하였다.

대사는 청(淸) 나라 함풍(咸豊) 11년(1861) 신유년(辛酉年) 12월 13일 경진시(庚辰時)에 태어나, 민국 29년(1940) 경진년(庚辰年) 11월 4일 묘시(卯時)에 입적하였으니, 세속의 수명은 80세이고 출가 승랍(僧臘)은 60년이다. 민국 30년(1941) 신사년(辛巳年) 2월 15일 부처님 열반일에 불을 지펴 다비식을 올렸는데, 수없이 많은 사리가 나왔다. 민국 36년(1947) 정해년(丁亥年) 9월 19일 영암사에 탑을 세웠다.

옮기고 나서

불법승(佛法僧) 삼보의 자비 광명 가피 아래, 국가 민족과 스승님[善知識]들을 비롯한 인연 있는 수많은 대중의 도움을 받으면서, 자친(慈親)의 온전한 헌신 희생으로 이 글의 번역이 원만히 이루어졌습니다.

국립대만대학(國立臺灣大學) 유학 시절 채식 식당에서 법공양으로 한 권 구해 온 몇십 년 전의 볼품 없는 책이, 이토록 훌륭하고 소중한 불법(佛法)의 보배인 줄 알게 되고, 또 한글로 옮겨 한국의 불자 대중께 공양 올리게 된 것도, 모두 불법승 삼보의 자비광명 가피와 하늘의 안배, 그리고 수많은 대중의 도움으로 이루어진 진리의 인연[法緣]임을 새삼 절실히 느끼기에, 감사와 찬탄과 환희가 마음속 깊숙이서 용솟음쳐 오릅니다.

이 모든 인연에 감사 드리며, 이 모든 대중께 삼가 공양 올립니다. 특히 이 법문을 남기신 인광 대사님, 제 마음을 미리 아시고 현재·미래의 대중을 위해 훌륭한 권두 법문을

234

설해 주신 청화(淸華) 큰스님, 그리고 불광을 창립하여 이런 수승한 법연(法緣)의 자리를 마련해 주신 광덕(光德) 큰스님께도 예배 올립니다. 또 인광 대사의 법문을 기꺼이 연재해 주신 〈여성불교〉(도선사)와 〈대중불교〉(대원정사), 이 글을 출판해 주시는 불광 편집부에도 충심으로 감사드립니다.

이 글을 번역·출판하는 인연 공덕으로, 시방 삼세 법계의 모든 중생이 죄악을 참회하고 업장을 해소하며, 복덕을 쌓고 지혜가 트여, 청정한 마음으로 염불하여 다 함께 극락정토 왕생하길 기도발원 하옵니다.

특히 민족상잔(民族相殘)의 비극인 6·25 전란 때 불타 버린 변산반도(현 국립공원) 중심지의 실상사(實相寺) 중창 복원 불사(佛事)가, 인연 있고 관심 있는 수많은 대덕 보살과 사부 대중의 적극 성원과 동참 속에 순조롭게 진행되어, 옛 가람의 웅장한 모습을 하루 빨리 되찾고 훌륭한 염불도량(念佛道場)으로 융성하여, 남북한 자주 평화 통일과 염불인 극락정토 왕생의 중심적인 정신 보루가 되길, 불법승 삼보 전에 지심으로 참회 발원하옵니다. 우리 모두 진실한 믿음과 간절한 발원으로 염불 수행하여, 다 함께 극락정토에 왕생합시다.

나무 아미타불 나무 아미타불 나무 아미타불!

극락왕생 발원 염불 권청가

부처가 이르다면 보살은 어떻겠소?
생사윤회 싫거들랑 극락정토 괜찮겠소?!
아미타 無量壽光明 九品蓮華 피우세

뉘라서 사바고햏 불국토 만든당가?
唯心 淨土 自性 부처 그림 떡 되고 말라
아미타 無量壽光明 話頭 놓고 念佛하세

경진년(庚辰年) 새봄 연정재(蓮淨齋)에서

삼보(三寶)제자 보적(寶積) 합장

『인광대사가언록』 발췌본을 펴내면서

『인광대사가언록』은 원문으로는 적절한 분량이나, 한글로 옮기면서 분량이 요즘 우리에게 너무 많다는 지적이 애초부터 있었습니다. 그래서 두 권으로 나누는 방안도 나왔으나 출판계의 사정상 머뭇거렸습니다. 또 되도록 법보시 위주로 발행하면 좋겠다는 본원(本願)과 『화두 놓고 염불하세』라는 제목이 화두선을 배격하는 듯한 인상을 줄 수 있다는 큰스님들의 일깨움이 모두 마음에 걸렸습니다. 그러던 중 책이 나오기 전부터 법공양을 발원하신 강진 백련사(白蓮寺) 굉선(宏禪) 스님께서 책을 죽 보시고, 특히 스님들한테는 내용이나 분량이 모두 너무 많으므로, 핵심 내용만 발췌하여 승가 제방(諸房)에 법공양 하고 싶다는 서원을 밝혔습니다. 그런데 불광출판부에서 기꺼이 동의하고 발췌본 내용을 보더니, 원본과 별도로 동시 발행하는 편이 인광 대사 법문을 널리 전파하는 데 크게 도움이 되겠다고 판단하였습니다. 그래서 부처님 인연법(因緣法)에 따른다는 생각에서 저도 기꺼이 동의하게 되었습니다. 출세간(出世間)의 승가에서는 청한(清閑)한 산수(山水)와 불립문자(不立文字)의 참선(參禪)에 골몰하느라, 아무리 훌륭한 부처님 법문이라도 긴 글은 딱 질색인 모양입니다. 또 세속의 재가불자들도 엄청나게 쏟아지는 정보와 지식의 홍수 속에서 잡다한 일에 시달리느라, 역시 긴 글에는 손도 눈도 잘 가지 않는 형편입니다. 이러한 현대 사회의 시절 인연과 중생 근기에 맞추어 핵심 요체만 간추린 발췌본이 아무쪼록 인연 있는 많은 분들을 부처님의 정법으로 이끄는 훌륭한 길잡이가 되기를 간절히 기원합니다. 가언록을 번역 연재할 때부터 수희찬탄(隨喜讚歎)으로 격려해 주셨는데, 초판본을 세심히 읽어 교정까지 해주시고, 인연과 근기에 맞는 발췌본을 선집(選集)하여 승가 제방에 법공양 올리면서 또 하나의 방편 법문을 탄생시킨 강진 백련사 굉선 스님께 충심으로 감사드립니다.

또 출판 전에 「참선과 염불의 관계」를 따로 편집하여 법보시하신 상주 남장사의 본연 스님과, 그 밖에 가언록 법문을 아끼고 널리 알리시는 모든 분들께 머리 숙여 감사드립니다.

나무 아미타불(南無阿彌陀佛)

경진년(庚辰年) 칠월 초하루(2000. 7. 31) 연정재(蓮淨齋)에서

삼보(三寶)제자 보적(寶積) 합장

개정판을 펴내면서

"인생에 실패(失敗)는 전혀 없다.
다만 실험(實驗)이 있을 뿐이다."

요즘 진학이나 취직이 뜻대로 안 되어 좌절하고 우울한 많은 젊은이들을 보면서, 스스로 지난날을 돌이켜보며 위로와 격려를 보내는 마음에서 떠오른 영감입니다. 20년 전쯤, '진리의 실험'이란 부제가 붙은 간디 자서전을 읽을 때도, '그래, 수행이란 진리(道)를 찾아가는 시행착오의 실험이지!' 하며 공감했습니다. 5년 전쯤 자기계발을 위한 코칭리더십 연수를 받으면서, 1,000번만에 발명에 성공한 에디슨한테 기자가 999번의 실패 소감을 묻자, "나는 실패한 적이 없다. 다만 999번의 실험을 했다."라는 답변을 했다는 일화를 듣고도, 새삼 인생 수행의 귀감에 공감했습니다. 아직도 많이 모자라 진행 중인 제 인생의 실험을 스스로 되돌아보면, 역시 진리와 진리를 찾아가는 길은 동서고금이 별로 다르지 않음을 느낍니다.

이제 저도 나이가 제법 들어가나 봅니다. 간디가 자신을 티끌보다 낮추어야 한다고 힘주어 강조한 말이 더욱 실감나니 말입니다. 이미 티끌 속에서 시방우주를 통찰했겠지요. 그래서 '마하트마'라고 불리나 봅니다. 요즘은 색신(色身)이 늙아가느라 온몸이 곧잘 아프고 쑤시곤 하지만, 덕분에 쉰 살이 넘으면서 쉼의 미학도 느끼고, 숨쉬기가 얼마나 중요한 생명이요 진리인지, 특히 괴로움[苦]과 아픔[痛]이 왜 거룩한 진리[四聖諦]의 으뜸으로 꼽히는지도 조금은 알 듯합니다. 나고 늙어서 병들어 죽는 고통이 삶에서 왜 필요한지 그 인연법도 음미해 봅니다.

박사 학위를 받고 교수 공채에 거듭 미끄러져 암울한 좌절의 늪에 빠져 허우적거리다가, 한줄기 눈부신 빛의 밧줄을 찾아 그걸 부여잡고 헤어 나오면서, 그 인연의 실마리에 3년 간 몰입하여 한글로 풀어낸 지도 어언 14년이 되어갑니다. 과연 무량광명이고 영원한 생명(무량수명)의 샘입니다. 그간 아미타부처님과 관음세지보살님을 비롯한 수많은 청정 성중(聖衆)의 가피로, 그 빛의 샘물이 수많은 불자들의 목마름을 축여주셨나 봅니다. 아직 '대박'이라 보기 이르지만, 인연의 줄이 꾸준히 이어져 개정판을 손질하게 되었습니다. 이에 마치 극락정토왕생의 입시에 재시험 보는 재수생의 마음으로, 첫 시험 치른 뒤 지금까지 세월의 자취를 대충 돌아

보고자 합니다.

『인광대사가언록』을 번역해 펴낸 지 어언 13년이 훌쩍 지났습니다. 그 공덕으로 교수가 되었으니, 감사한 마음으로 염불과 홍법에 더욱 열심히 정진했어야 하는데, 현실은 거꾸로 세속 인연과 잡무에 버거워 빌빌대며 오히려 업장만 늘었으니, 불보살님과 인광 대사와 자성(自性)에 참괴(慙愧)할 뿐입니다. 느슨히 풀어진 마음을 추슬러 다잡고 스스로 염불수행을 책려(策勵)하는 전기(轉機)로 삼을 겸, 전면 교정과 약간의 주석해설을 보충해 개정판을 내게 되었습니다. 2년 전 법공양판 교정을 제법 꼼꼼히 본다고 했는데도, 이번에 흔글 파일본으로 점검하니 맥킨토시 출력본에서 알아채지 못한 맞춤법 착오도 여럿 드러나 바로잡습니다.

갑오경장 및 동학혁명 120주년(2甲子)을 맞이해, 앞으로 개정판에 인연 닿을 독자 여러분과 함께 자아 혁심(革心)으로 염불수행에 더욱 간절히 정진하길 기원하면서, 초판 펴낸 뒤 찾아온 기묘한 법연(法緣) 두어 가지만 소개해 신원행(信願行)을 북돋울까 합니다. 2003년 청화 큰스님께서 열반하시고 관정 큰스님께서도 입적하셔서 허전한 가운데, 새로운 정토염불 수행의 새싹이 돋아남을 느낀 희망이랄까요?

2009년 추분(秋分)날 만주에서 태어난 조선족 인공(印公)스님이 학교로 불쑥 찾아오셨습니다. 중국에서 출가한 40대차분한 수행자는, 주경 스님의 은사(청화 큰스님)에 대한 지극한 갈앙심(渴仰心)을 알고, 강릉 성원사를 찾아 스승으로 모시고 공부하면서, 평소 자신이 번역하고 싶었던 『가언록』의 한글판을 보고 감동하여, 수희찬탄의 마음으로 필자를 만나러 빛고을까지 몸소 발걸음하셨답니다. 전날 도착했는데, 내가 수업이 없어서 연구실을 비운 까닭에, 법공양에 열심인 임실 상이암 동효 스님을 찾아뵙고, 거기서 하루 묵고 가라고 붙잡는데, 이튿날 늦어져 또 못 만나 허탕 치면 안 된다며, 권청을 뿌리치고 그날 저녁 광주로 돌아와 찜질방에서 하루 묵고, 나한테 신세를 지지 않으려고 김밥집에서 채식으로 한 줄 말아 가지고 찾아와 내 수업이 끝나길 기다리셨답니다.

그렇게 처음 만난 법안(法顔)은 인광 대사 분위기도 풍기면서 평화롭고 자상한 모습이었습니다. 사양하는데 순두부집으로 모시고 가서 점심 공양하고 무등산 중봉까지 산행하며 법담을 나누었는데, 저녁 공양도 한사코 사양해 용산행 무궁화 밤 기차표 한 장 끊어드리고 작별했습니다.

본인이 만주서 태어나 출가수행한 인연담도 자별하였거니와, 주경 스님이 붙잡지만 앞으로 중국 여산(廬山)에 들어가 염불수행에 매진하겠다는 포부를 밝히면서, 나한테 교수를 언제까지 해야 하느냐고 묻는 물음은 유난히 은근했습니다. 옛날 혜원 대사가 염불결사하신 동림사를 최근 중창하여 염불수행자들이 모여 다시 결사한다는 소식이었죠. 문득 동진(東晋) 때 혜원 대사(334~416)가 구마라집(344~413, 일설 350~409)의 불경 번역 소식을 듣고 몹시 기뻐했으나, 먼 길에 만나지는 못하고 흠모와 찬탄의 아쉬움에 서신왕래로 법을 교유한 옛 인연담이 떠올랐습니다. 만약 혜원 대사가 1,600여 년의 시공을 뛰어넘어 구마라집을 예방해 옛 회포를 푼다면, 그 도반의 우정이 이러할까? 인공 스님의 순수한 불심과 지극한 정성을 몸소 마주하면서, 인공 스님이 나한테 여산에 함께 들어가 염불에 전념하자고 간곡히 권청하는 마음을 직감하고, 한편으론 신라 왕자로 태어난 김교각 스님과 무상 스님이 권력 다툼을 피해 중국으로 건너가 수행과 홍법에 전념한 인연이 문득 떠올랐습니다.

며칠 뒤 조계사에서 청화 스님 열반 몇 주기 기념 학술대회에 참석해, 주경 스님 만나 이야기하다가 인공 스님 말이 나와 전화를 걸었는데, 때마침 아무도 모르게 중국에 돌아가려고 인천공항 가는 길이라고 했습니다. 다행히 그 순간까진 휴대전화를 끊지 않아, 마지막 통화로 작별의 정과 격려를 나누었는데, 얼마 지나지 않아 주경 스님은 일흔 나이로 홀연히 입적했습니다.

또 그 비슷한 무렵, 한번은 무등산 규봉암에 올라가 하루 묵으려는데, 오후에 일본에 사는 여자 교포 두 분이 올라왔습니다. 한 분이 새벽에 어느 교수님이 서류가방에서 좋은 책을 꺼내주는 꿈을 꾸고 영감이 들어 그냥 올라왔다고 말했습니다. 내가 하루 묵으며 기도도 하고 이튿날 같이 내려가 『가언록』이랑 『요범사훈』이랑 책을 주겠다고 권하니, 일정상 바로 내려가야 한다기에, 무등 사미한테 같이 학교 가서 어느 학생 도움으로 연구실 들어가 책을 꺼내 한 권씩 드리라고 부탁했습니다. 얼마 뒤 서울에서 다시 만나 관악산 연주암에 오르며 이야기를 나누었습니다.

광주 출신인 그분은 돈 벌러 일본 갔다가 눌러앉아 다행히 좋은 일본 사람 만나 결혼하고 사는데, 자기처럼 일본서 눌러앉은 한국여자들이 엄청 많답니다. 마음 의지할 곳이 없어 정신적 귀의처로 부처님 가르침이 절실히 필요하나, 일본 절에 다니기는 어려움이 많은가 본데, 이따금 고국에서 오는 스님들은 대부분 돈만 밝혀 챙길 뿐, 열과 성을 다해 그들의 마음을 붙잡아주진 못한 모양이었습니다. 결국 자신이 일본인 남편의 동의를 얻어 선암사로 삭발 출가하고, 한국 태고종의 일본 지사를 꾸려 그들을 보듬겠다는 뜻을 밝혔습니다. 그분은 최소 1주일은 걸리는 불교성지 교토를 자신도 아직 순례하지 못했는데, 나와 무등 사미가 일본 오면 모든 일정을 안배해 함께 순례하겠다고 간곡히 초청했습니다. 허나 그 고마운 인연도 힘겨운 체력 여건으로 호응하지 못했습니다.

물론 이러한 인연담은 모두 불보살님과 인광 대사의 미묘한 명훈가피력으로 나타난 감응입니다. 다만, 인연 있는 분들께 정토법문이 얼마나 수승하고 귀중한지, 그 기특함을 알리고 염불수행에 정진하자고 권청하는 뜻에서 소개한 것이며, 결코 나 자신의 자랑거리로 떠벌린 것이 아니니 오해 없길 바랍니다.

풍문에 따르면,『가언록』이 스님들한테도 적지 않은 공감을 불러일으켰는지, 참선 가풍의 조계종도 상당한 위기의식과 경각심을 느끼고 종풍을 재정돈하여 진작시키려고 화두선 수행체계를 제법 크게 정리했다고 합니다. 다함께 불법을 수행하는 착한 벗[善友]들이 선의의 경쟁의식으로 서로 자극과 격려를 주고받으며 정진에 박차를 가함은 참으로 아름답고 바람직한 일입니다.

또 최근 1년 반가량 불교방송에서 송담 스님의 법문을 꾸준히 듣고 보니, 화두선이나 염불이나 수행의 기본전제와 궁극목적은 물론, 수행의 원리와 심지어 방법조차도 대체로 상통함을 재확인하였습니다. 다만 각자 근기(적성)와 인연(취향) 따라 자신에게 알맞은 방법을 선택하면 되는데,『가언록』에서 적확히 일깨운 염불수행법의 특별함을 믿고 따르는 인연은, 또한 오로지 각자의 지혜와 복덕에 맡길 뿐임을 실감합니다. 암과 같은 중병에 걸려 생사의 갈림길에 헤매는 환자가, 그 흔하고 하기 쉬운 '나무 아미타불'이나 '관세음보살' 염불조차 무슨 미신이나 귀신처럼 알고 애써 외면하고 뿌리친다든지, 나이 든 고명하신 지식인이 '노느니 염불한다'는 속담은 입에다 주렁주렁 달면서도, 허구한 날 하릴없이 잡담하고 망상하며 놀지언정, 정작 저승길의 가장 든든한 밑천인 염불은 하지 않는 모습을 보면, 평소 업습(業習)이 얼마나 막강한지 절감하며 안타까움과 슬픔만 북받쳐 오릅니다.

진작부터 현대과학의 관점에서 염불의 원리와 방법을 재정리해 '염불기신론'을 쓰고자 구상하고 있으나, 아직 여유가 나지 않아 손대지 못하고 있습니다. 조만간 시절인연이 닿길 기대하며, 인연 있는 모든 분들이 정토법문에 돈독한 믿음과 발원을 지니고 한평생 헛되지 않게 염불수행에 정진해, 극락왕생의 종신대사를 원만히 성취하시길 불보살님께 간절히 기원합니다.

끝으로, 『가언록』의 발췌본인 『단박에 윤회를 끊는 가르침』의 개정판에는 '각 수행 방법에 대한 평가,' '출가,' '양기의 등잔과 보수의 생강' 세 꼭지를 새로 추가함을 밝히면서, 이 책이 나오기까지 도움을 주신 불광출판사 관계자 여러분과 인연 있는 모든 분께 고마운 마음을 전합니다.

나무아미타불 관세음보살 대세지보살!

갑오년 정월 초하루 화창한 설날 (2014. 1. 31. 금) 해거름
빛고을 운암골 연정재(蓮淨齋)에서

극락정토 왕생을 간절히 발원하는 염불행자
보적(寶積) 김지수(金池洙) 공경 합장

단박에
윤회를 끊는
가르침

2000년 8월 10일 초판 발행
2012년 3월 7일 초판 10쇄
2014년 4월 29일 개정판 1쇄
2016년 1월 15일 개정판 2쇄

지은이	인광 대사
옮긴이	김지수
펴낸이	박상근(至弘)
주간	류지호
편집	김선경, 양동민, 이기선, 양민호
디자인	이유신, 백지원, 김소현, 김효정
제작	김명환
홍보마케팅	허성국, 김대현, 박종욱
관리	윤애경

펴낸 곳   불광출판 03150 서울시 종로구 우정국로 45-13, 3층
            대표전화 02) 420-3200 편집부 02) 420-3300 팩시밀리 02) 420-3400
            출판등록 제1-183호(1979. 10. 10)
            ISBN 978-89-7479-057-8 03220

이 도서의 국립중앙도서관 출판시도서목록(CIP)은 서지정보유통지원시스템 홈페이지
(http://seoji.nl.go.kr)와 국가자료공동목록시스템(http://www.nl.go.kr/kolisnet)에서
이용하실 수 있습니다.(CIP제어번호: CIP2014012867)